いろいろな伴奏形による

こどものうた85

3学期編

飯泉祐美子
石橋裕子 編著

KYODO-MUSIC

この本を手に取ってくださったみなさまへ

　この「いろいろな伴奏形によるこどものうた85 ～やさしい伴奏から素敵な伴奏まで～」は、保育者養成課程や初等教員養成課程の音楽のテキストとして、また、卒業後の現場でも活用し続けることのできる楽譜集として、幅広い方々のニーズに応えたいと考えて企画しました。本シリーズの特徴4点をご紹介します。

1．ひとつの曲に対し複数の伴奏アレンジを掲載
　さまざまなニーズにこたえるため、伴奏アレンジを複数掲載しました。アレンジの種類は次の通りです。
　A　1本指伴奏
　　ピアノを始めたばかりの入門者に適しています。右手がメロディーパート、左手が伴奏パートとなっていますが、左手の動きが大変少ないアレンジです。
　B　やさしい伴奏
　　一般的に簡易伴奏とよばれるものです。初級以上のレベルに適しています。Aと同じく右手がメロディーパート、左手が伴奏パートとなっていますが、Aのアレンジよりも左手に動きがあります。
　C　メロディーのない両手伴奏
　　左右両方のパートで伴奏パートを作り上げていきます。メロディーはありませんが、その分ハーモニー（音の響き）に厚みがあり、音楽の高揚感が得られます。弾き歌いや毎日の歌唱活動だけではなく、発表会などでの歌唱・合奏の伴奏にも使えます。メロディーがない伴奏での弾き歌いは少し難しく感じるかもしれませんが、弾きながら歌うことに少し慣れてきたら、ぜひチャレンジしたい伴奏です。
　D　素敵な伴奏
　　子どもたちの歌声に素敵な演出ができます。中級レベルになったらぜひチャレンジして、サウンドの心地よさを体感しましょう。また、子どもたちにとっても、そのような経験ができるとよいでしょう。
　E　長く歌いつがれている伴奏
　　よく耳にする伴奏です。初級者でも演奏できるものがたくさんありますので、ぜひチャレンジしましょう。

2．譜めくりがいらない楽譜の構成
　本シリーズでは、ページをめくらなくてもすむように、必要に応じて観音開きで楽譜を掲載しています。

3．コラムの充実
　本シリーズで自学自習を進めていけるように、ピアノの奏法、音楽的な理論をはじめ、現場で役に立つ知識をコラムとして掲載しています。

4．月別・学期別構成
　1学期編、2学期編、3学期編の3巻構成で、それぞれの巻には、うたう曲を月ごとに掲載しています。その他に、1学期編には「動物の歌」、2学期編には「みんなでうたおう」、3学期編には「生活のうた」「楽しく歌おう」をそれぞれ掲載しました。

　保育者や初等教育者を目指すみなさんの奏でる音楽によって、子どもたちのうきうきわくわくする瞬間がはじまります。子どもたちの豊かな感性を育むときであることを願ってやみません。
　最後になりましたが本書の出版にあたり、共同音楽出版社の豊田治男社長はじめ、スタッフの皆様には大変お世話になりました。感謝申し上げます。

　　2017年3月

　　　　　　　　　　　　　　　　　　　　　　　　　　　　　　　　　　　　編者　飯泉祐美子

目　次

				A	B	C	D	E
1 月	1	やぎさんゆうびん	まど・みちお／團伊玖磨	8	9	10	-	11
	2	ゆ　き	文部省唱歌	12	-	13	-	14
	3	北風小僧の寒太郎	井出隆夫／福田和禾子	15	-	16	18	-
	4	こんこんクシャンのうた	香山美子／湯山　昭	21	-	22	24	-
2 月	5	いちごをつみに	増田裕子　詞・曲	28	28	29	-	-
	6	一年生になったら	まど・みちお／山本直純	30	31	32	-	-
	7	豆 ま き	日本教育音楽協会　詞・曲	34	35	36	-	-
3 月	8	ありがとう・さようなら	井出隆夫／福田和禾子	38	-	40	42	-
	9	思い出のアルバム	増子とし／本多鉄麿	45	-	46	-	48
	10	さよならぼくたちの ほいくえん	新沢としひこ／島筒英夫	50	52	54	-	56
	11	うれしいひなまつり	サトウハチロー／河村光陽	58	59	60	-	62
生活の歌	1	おはようのうた	高すすむ／渡辺　茂	68	-	-	-	69
	2	おはよう	新沢としひこ／ 中川ひろたか	70	-	-	-	72
	3	お早ようの歌	田中忠正／河村光陽	74	-	-	-	75
	4	あくしゅでこんにちは	まど・みちお／渡辺　茂	76	-	-	-	77
	5	おべんとう	天野　蝶／一宮道子	78	-	-	-	79
	6	おかえりのうた	天野　蝶／一宮道子	80	-	-	-	81
	7	さよならのうた	高すすむ／渡辺　茂	82	-	-	-	83
	8	おやつのじかん	則武昭彦　詞・曲	84	-	-	-	85

				A	B	C	D	E
楽しく歌おう		9	はをみがきましょう	則武昭彦　詞・曲	86	–	–	–	87
		1	きみとぼくのラララ	新沢としひこ / 中川ひろたか	92	–	94	96	–
		2	世界中のこどもたちが	新沢としひこ / 中川ひろたか	98	99	100	–	–
		3	ともだちになるために	新沢としひこ / 中川ひろたか	102	–	104	106	–
		4	カレンダーマーチ	井出隆夫 / 福田和禾子	108	–	110	–	112
		5	スイカのむこうに 　　宇宙が見えた	新沢としひこ / 中川ひろたか	114	116	118	–	–
		6	に　じ	新沢としひこ / 中川ひろたか	120	121	122	–	–
		7	みんなともだち	中川ひろたか　詞・曲	124	126	128	–	–
自分で伴奏を 付けてみよう		1	手をたたきましょう	小林純一　訳 / 作曲者不詳	132				
		2	山の音楽家	水田詩仙　訳 / ドイツ民謡	133				
		3	線路は続くよどこまでも	佐木　敏 訳 / アメリカ民謡	134				
		4	コブタヌキツネコ	山本直純　詞・曲	135				

〈コラム１〉	１月から３月にはどんなことがある？	20
〈コラム２〉	伴奏付け	26
〈コラム３〉	奏法について ②（ペダリング）	44
〈コラム４〉	伴奏がない歌（アカペラ）	44
〈コラム５〉	移調奏 ①	64
〈コラム６〉	移調奏 ②	65
〈コラム７〉	移調奏 ③	66
〈コラム８〉	０歳から就学前の音楽的な発達	88
〈コラム９〉	おはなしとの音や音楽のコラボレーション	89
〈コラム10〉	ピアニストはアスリート	90
〈コラム11〉	音楽的な理論 ③（楽語）	130

表紙デザイン：有限会社　ねころのーむ

コラム一覧表

一 学 期 編	二 学 期 編	三 学 期 編
一学期の行事 ピアノを弾く姿勢 弾き歌いの練習方法 音楽的な理論 ① 　・コード 　　　　　等	二学期の行事 弾き歌いのうたい方 音楽的な理論 ② 　・拍子 　・強弱記号 　　　　　等 奏　法 ① 　・グリッサンド 　・トリル 　・装飾音 　　　　　等 著作権について 練習楽器の選び方	三学期の行事 伴奏がない歌（アカペラ） 伴奏付け 移調奏 音楽的な理論 ③ 　・速度 　・楽語 　　　　　等 奏　法 ② 　・ペダリング 絵本とのコラボ ０歳から就学前の音楽的な発達 ピアニストはアスリート 　　　　　等

本シリーズで取り上げたコラム概要です。自学自習、豆知識としてお役立てください。

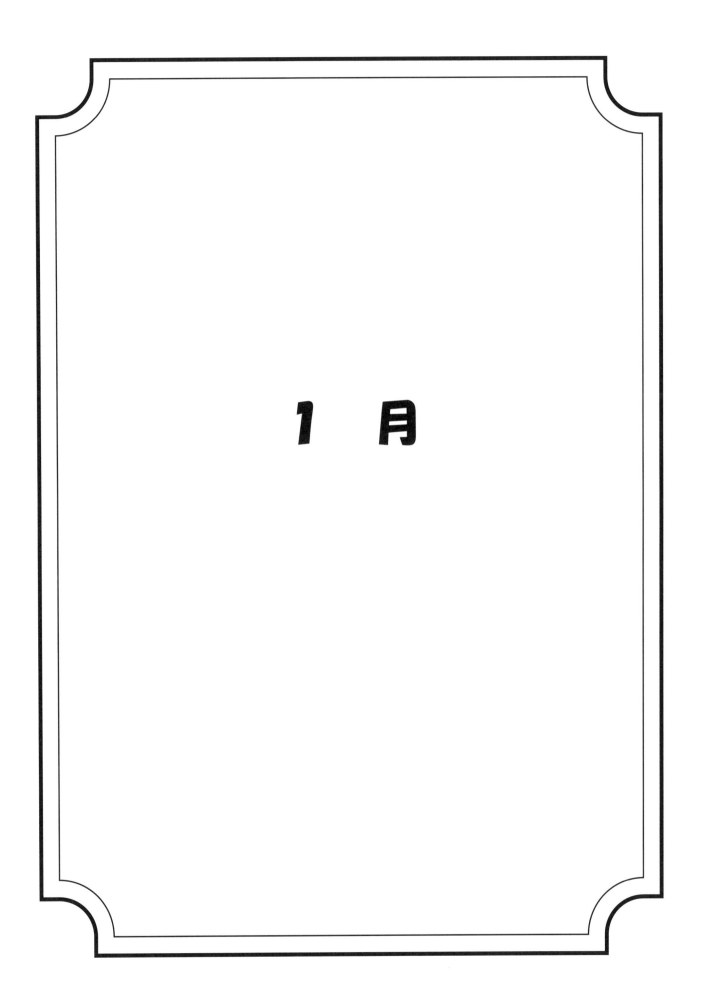

1月

1. やぎさんゆうびん

まど・みちお 作詞
團 伊玖磨 作曲
飯泉祐美子 編曲

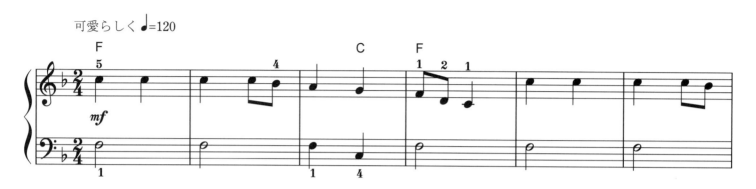

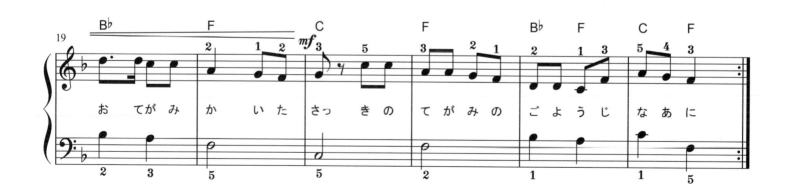

1. やぎさんゆうびん

まど・みちお 作詞
團 伊玖磨 作曲
岡部 絵実 編曲

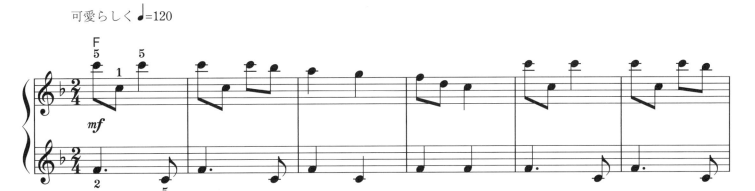

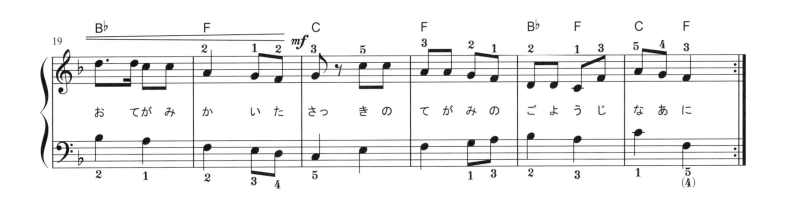

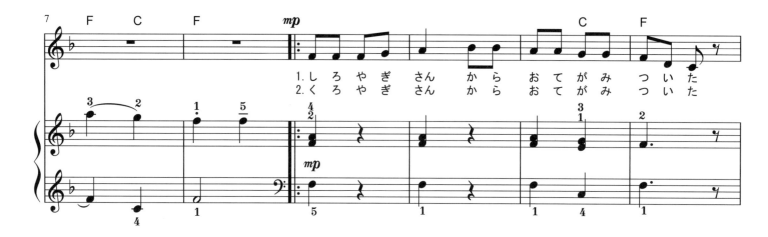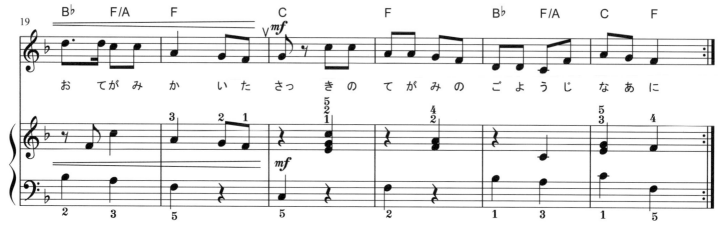

3. 北風小僧の寒太郎

井出　隆夫　作詞
福田和禾子　作曲
角田　玲奈　編曲

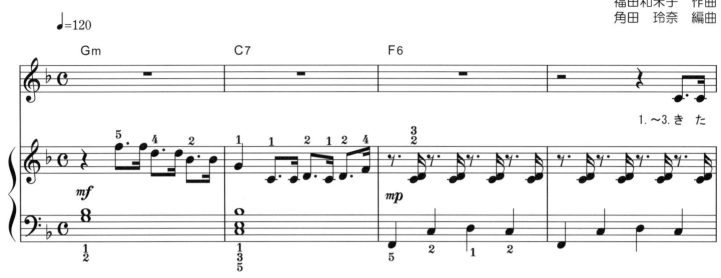
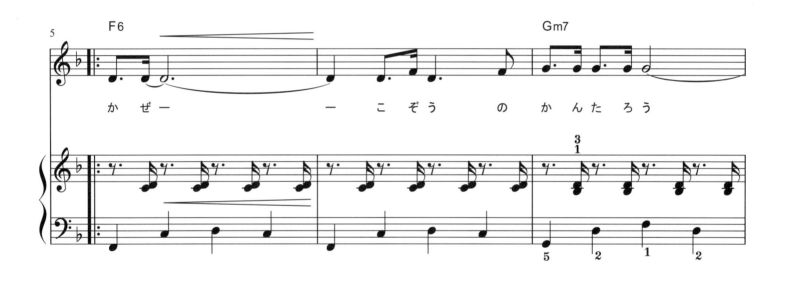

17

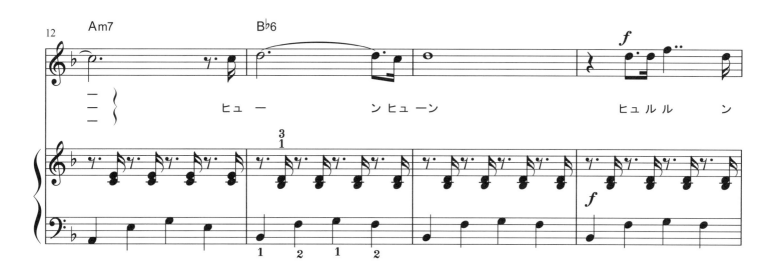
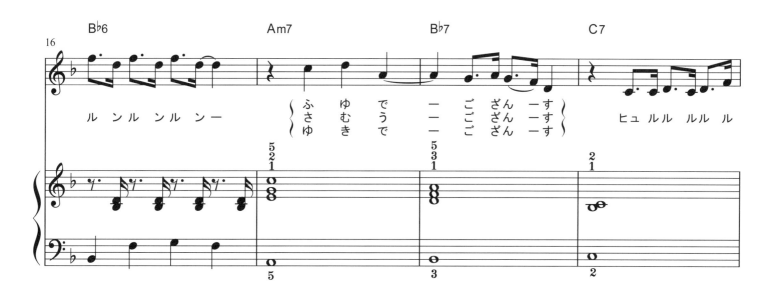
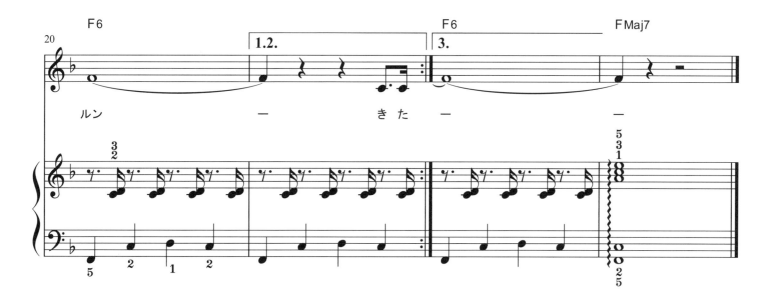

3. 北風小僧の寒太郎

井出 隆夫 作詞
福田和禾子 作曲
望月たけ美 編曲

※ アルペッジョは、和音を下から上へと分散して奏する。
力を入れずに装飾的に弾くとよい。

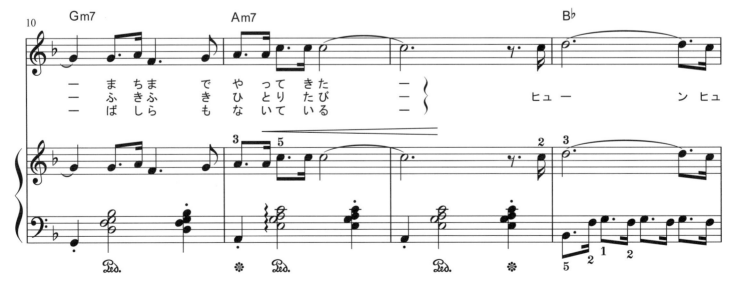

〈コラム１〉

１月から３月にはどんなことがある？

幼稚園・保育所・こども園などで行事が行われることの多い記念日は？

多くの幼稚園・保育所・こども園では以下の記念日に関する行事や活動が行われます。

時　期	記念日等	概　　要
１月上旬	おもちつき	杵と臼で餅つきを体験する。１２月に行うこともある。
２月３日頃	節分 まめまき	２月初旬の立春の前日を節分という。２日～４日頃である。近年節分の日付は２月３日であるが、これは１９８５年以降立春が４日であるためである。２０２１年以降から日付が移動するといわれている。 まめまきは宇多天皇の時代に、鬼が都を荒らすことに対し、大豆の炒り豆で鬼の目を打ちつぶし、災厄を逃れたという伝説によりはじまった。幼稚園、保育所などでは鬼のお面を製作したり、「おにはそと」「ふくはうち」と掛け声をしながら豆まきを体験したり、まきおえた豆を自分の年齢（数え年）の数だけ食べたりする。
３月３日	ひなまつり	ひなまつりは、女子のすこやかな成長を祈る日といわれ、ひな人形を飾る。幼稚園、保育所などでは内裏雛を製作したり、絵を描いたりする。

行事と保育内容…表現の集大成

　３学期は期間が短く、行事も少ないと思いがちですが、１年間の園生活のしめくくりとしての発表会などの行事が設定されていたり、記念に残る制作をすることがあります。

　１年間を振り返って、音楽的表現活動の側面、身体的表現活動の側面、造形的表現活動の側面、それぞれの活動の場面で、子ども自身が成長を感じられるように、保育者はさまざまな仕掛けや工夫をこころがけることが大切です。

　子どもたちが、達成感を大きく感じることができるような３学期をつくりましょう。

（飯泉祐美子）

4. こんこんクシャンのうた

香山　美子　作詞
湯山　昭　作曲
飯泉祐美子　編曲

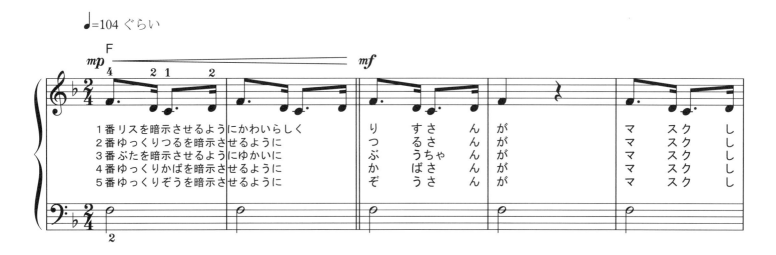

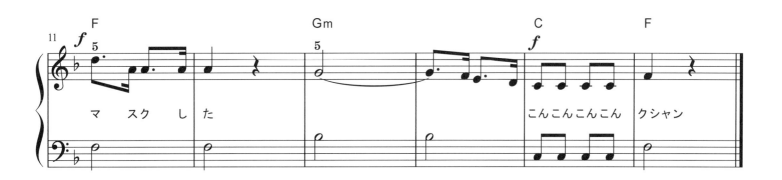

クシャンは音程より自然な感じのうたいかたがよいです。

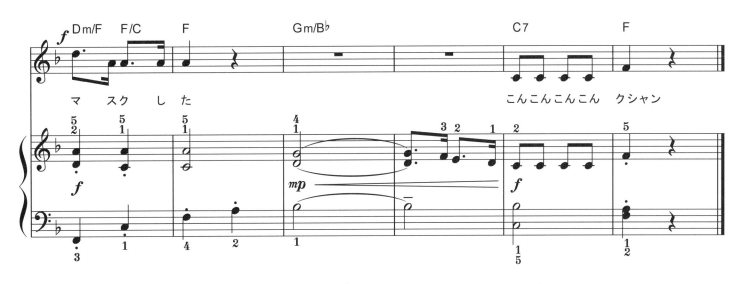

クシャンは音程より自然な感じのうたいかたがよいです。

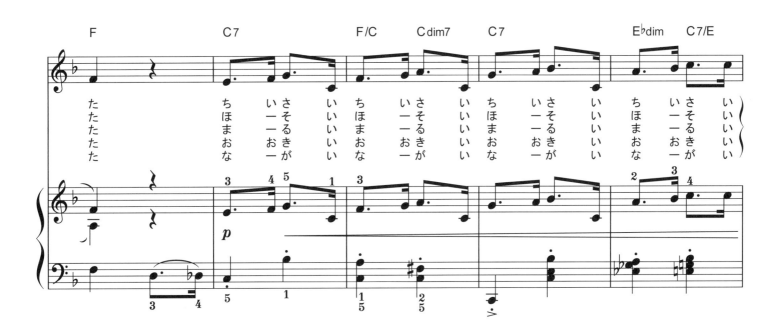
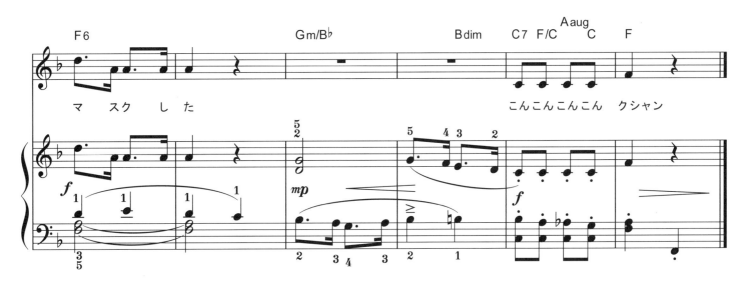

クシャンは音程より自然な感じのうたいかたがよいです。

〈コラム２〉

伴奏付け

　本シリーズは、一部を除いてどの曲にも数種類の伴奏がつけられていて、自身のレベルで選べるよう編集されています。一方、各シリーズの後方ページには「自分で伴奏を付けてみよう」があり、１学期編のコラム＜４・６・７・８＞では、代表的であるコードネームによる伴奏付けについて解説しています。

　ここでは、基本のカデンツ（三和音でつなげる形）以外には、どのような伴奏の形があるのか、「お正月」（東　くめ　作詞／滝　廉太郎　作曲）を例にいくつか記します。

また、右手を歌詞に合わせて音符を増減すると歌いやすい伴奏になります。

（石橋裕子）

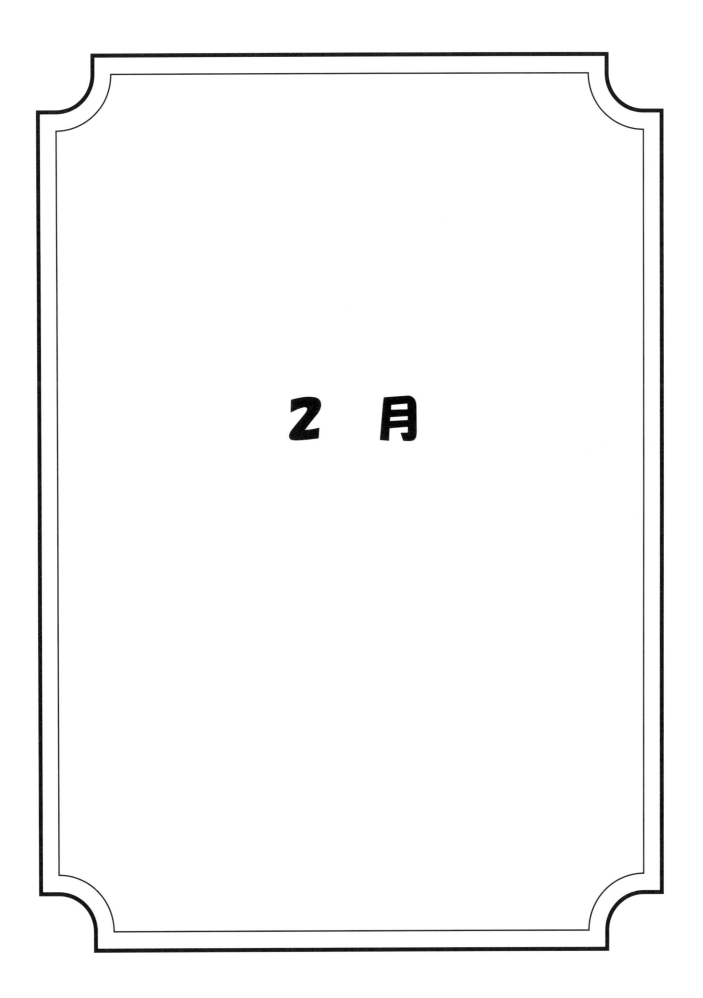

2月

5. いちごをつみに

増田 裕子 作詞
増田 裕子 作曲
飯泉祐美子 編曲

2人で向かい合い、おちゃらかの要領で、相手と手を合わせながら歌うことができます。

5. いちごをつみに

増田 裕子 作詞
増田 裕子 作曲
岡部 絵実 編曲

2人で向かい合い、おちゃらかの要領で、相手と手を合わせながら歌うことができます。

5. いちごをつみに

増田　裕子　作詞
増田　裕子　作曲
小池すみれ　編曲

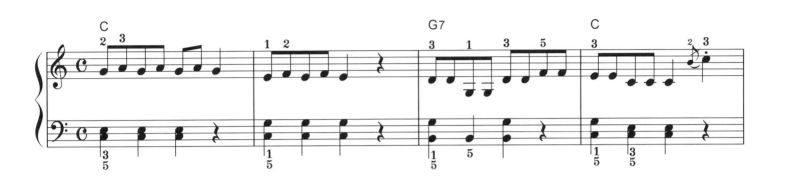

両手とも軽く切って弾く

2人で向かい合い、おちゃらかの要領で、相手と手を合わせながら歌うことができます。

6. 一年生になったら

まど・みちお 作詞
山本 直純 作曲
飯泉祐美子 編曲

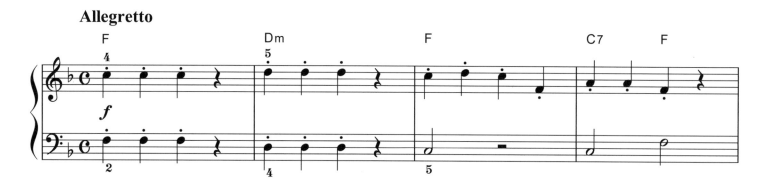
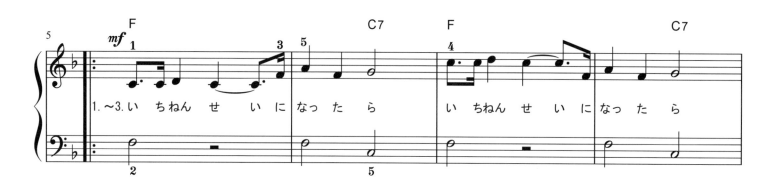
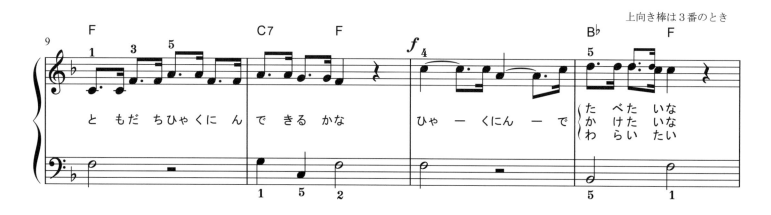

6. 一年生になったら

まど・みちお 作詞
山本 直純 作曲

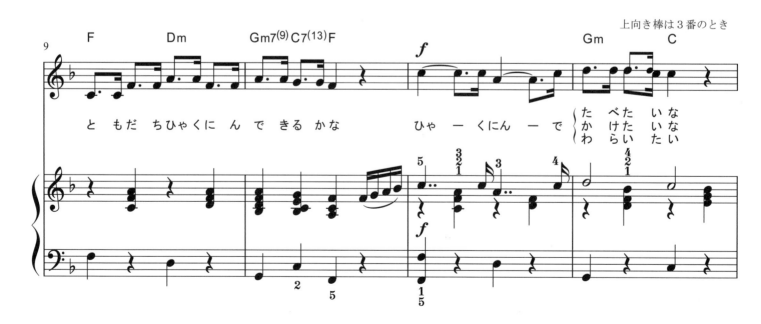

7. 豆まき

日本教育音楽協会　作詞・作曲
飯泉祐美子　編曲

A

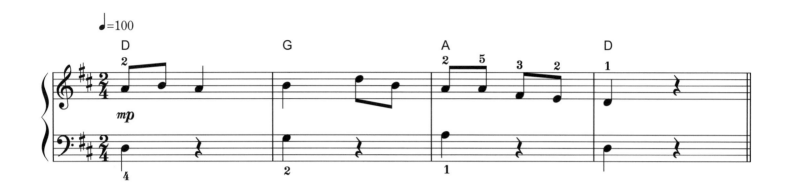
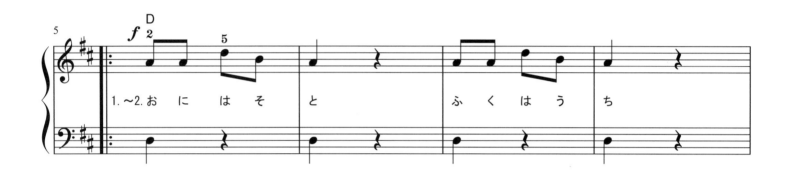
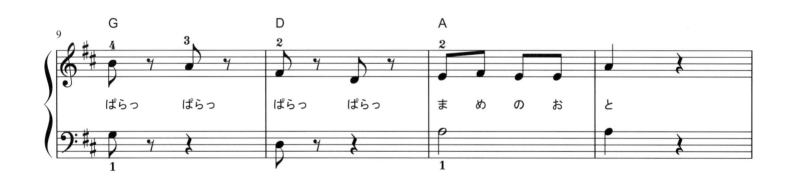
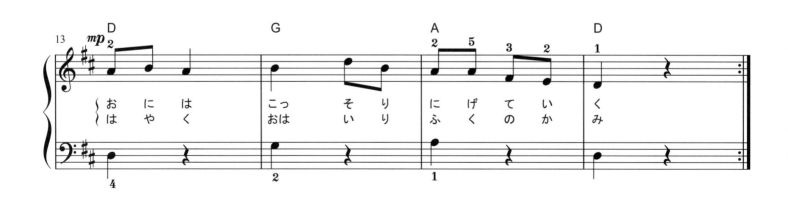

7. 豆まき

日本教育音楽協会　作詞・作曲
須田三枝子　編曲

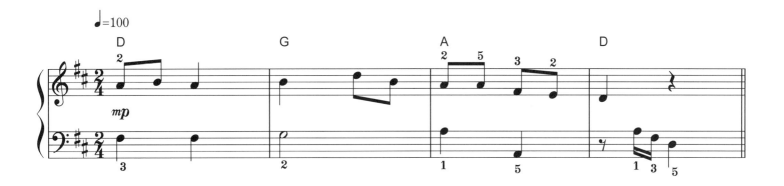

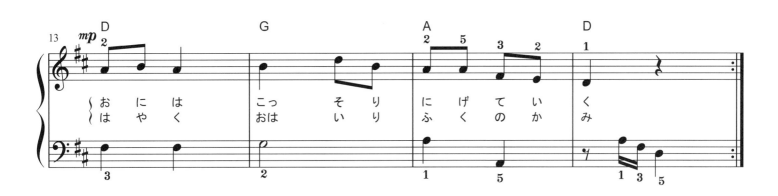

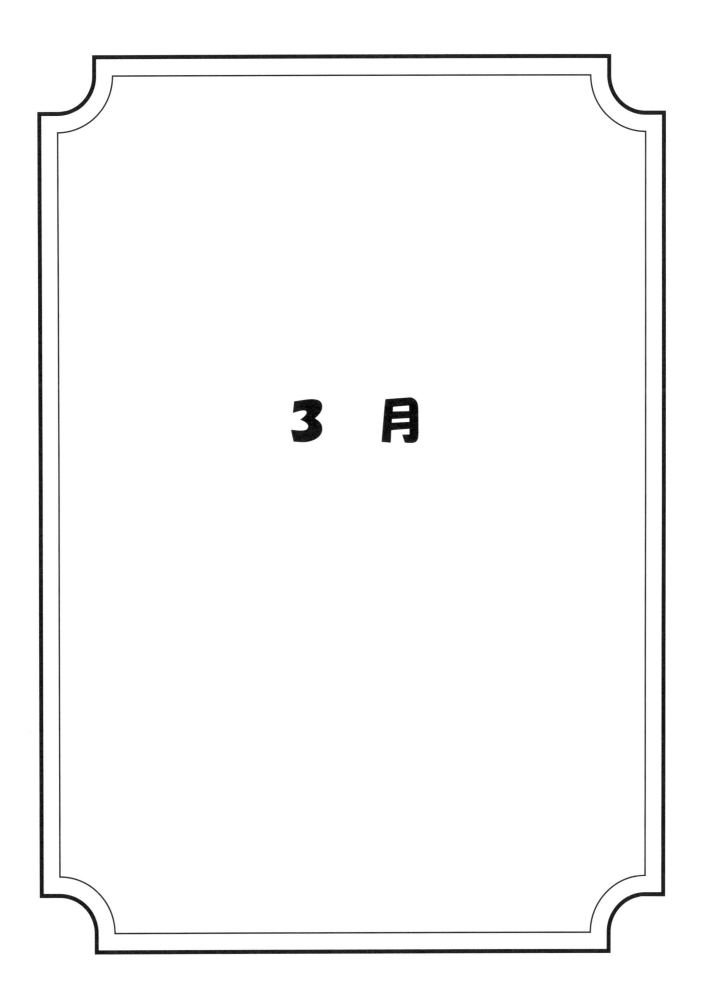

3 月

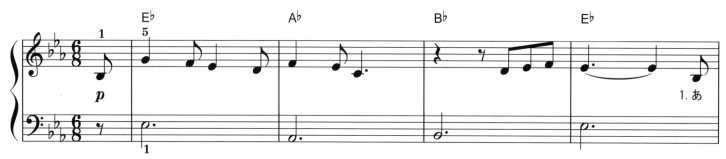
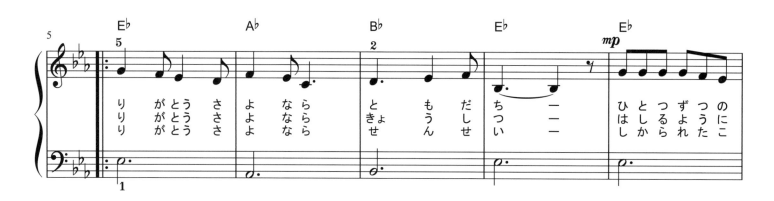
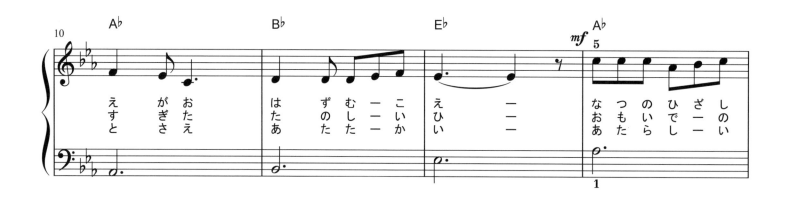

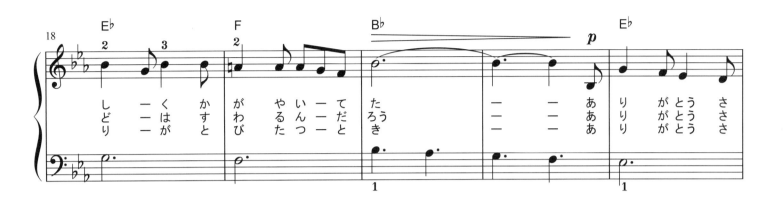
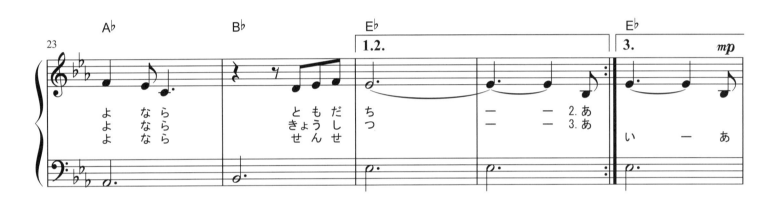

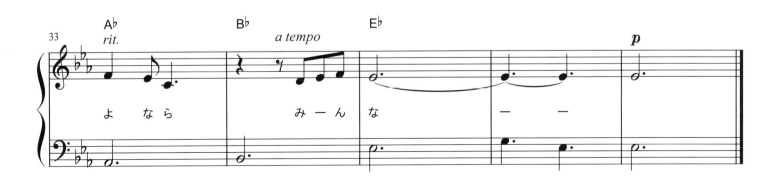

8. ありがとう・さようなら

井出 隆夫 作詞
福田和禾子 作曲
小池すみれ 編曲

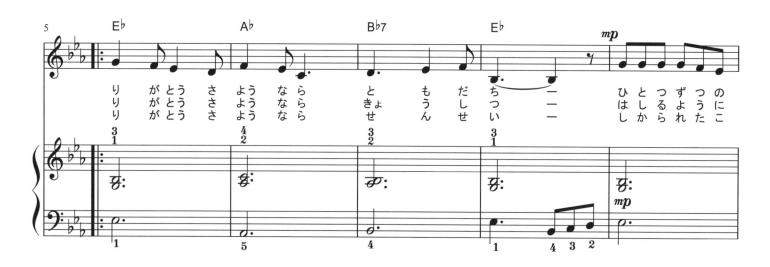
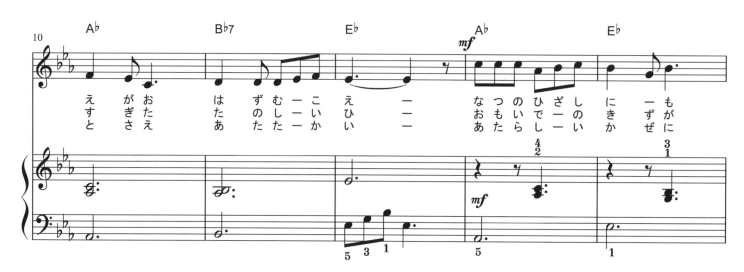

8. ありがとう・さようなら

井出 隆夫 作詞
福田和禾子 作曲
望月たけ美 編曲

♩.=60 おはなしをするように

ペダルは任意に使用のこと

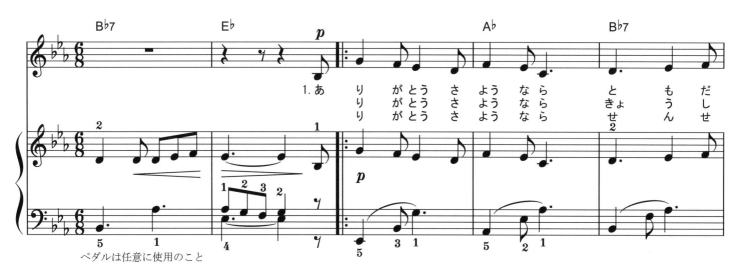
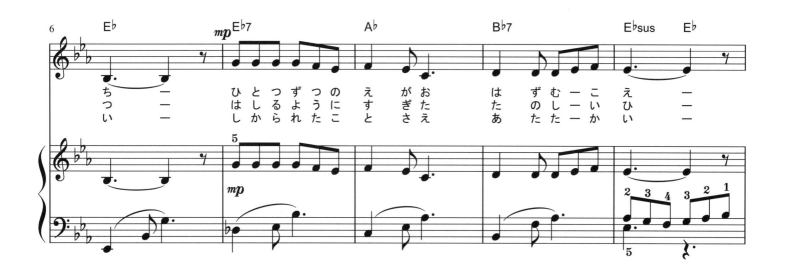
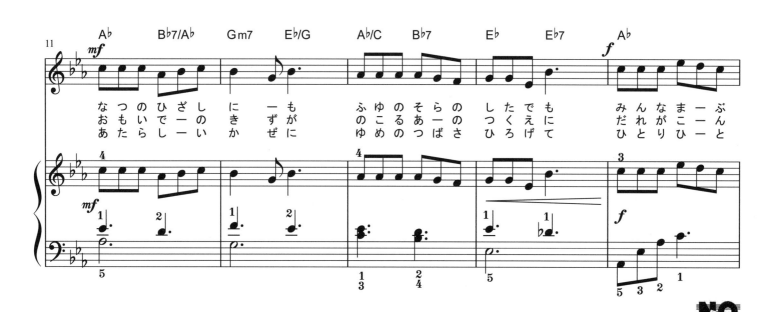

〈コラム３〉

奏法について ②（ペダリング）

　ピアノには２〜３本のペダルがあります。このコラムでは、１番右の「ダンパーペダル」（サスティンペダル）を踏みながら演奏する方法について紹介します。

　通常、ピアノの鍵盤を指で押さえると音が鳴り、指を離すと音が止まります。ダンパーペダル（以下、「ペダル」）を踏むと、指を離しても音が止まりません。延ばしたい音から指を離しても音が鳴り続けるので、片手で押さえられないような距離が離れた鍵盤上の音も、時間差を付ければ同時に響かせることができます。また、音と音をなめらかにつなげて弾くこともできます。

　このように、ペダルを踏むと豊かな表情をつけた演奏ができるのですが、音が濁らずにペダルを踏み換えるタイミングをつかむまでには時間がかかりますので、繰り返して練習することが必要です。タイミングが悪いと前後の音が重なって音色が濁ったり、ブツブツと切れて聞こえたりします。

　こどもの歌の伴奏では多くの場合、和音が変わるタイミングで踏み換えます。したがって、
　　１．今、演奏している和音では、次の和音の直前まで踏み続ける
　　２．次の和音に移行したと同時にペダルを離して、すぐにまた踏み込む
が、「濁らず、ブツブツ切れない」ペダリングのコツです。特に「２」が重要なポイントです。

　ペダルを踏み換えるためには、どうしても１度ペダルを離さなければなりません。でも、今、踏んでいる和音の終わりの音で離すと、音が切れてしまいます。そこで、<u>次の和音の最初の音と同時に素早く踏み換える</u>のです。この動作が、「濁らず、ブツブツ切れない」ペダリングの絶対条件です。

　離すタイミングが早ければ音が切れ、遅ければ濁ります。この絶妙なタイミングが習得できるよう、毎日練習しましょう。

〈コラム４〉

伴奏がない歌（アカペラ）

　「アカペラ」は、イタリア語の「a cappella（ア・カッペッラ）」から来ている言葉です。「cappella」は「church（教会）」を意味し、元々は、教会音楽（礼拝（典礼・奉神礼）のための賛美歌や聖歌、祭礼などに用いられる音楽など、宗教的な実用音楽）の形の一つとして登場したのがはじまりです。現在では、伴奏なしで合唱することや、伴奏なしの楽曲そのものを意味することが一般的となっています。例えば、ピアノ伴奏なしの合唱曲もアカペラと言えるでしょう。

　日本では、ゴスペラーズ（The Gospellers）の大ヒットが、アカペラブームを巻き起こしました。現在でも、大学や地域のサークルなどで、多くの人が自分のスタイルでアカペラを楽しんでいるようです。

　ところで、「ゴスペル」＝「アカペラ」だと思っていませんか？

　日本でアカペラがブームになった頃、映画「天使にラブソングを」「天使にラブソングを２」が大ヒットしました。これらの劇中で多くのゴスペルが歌われました。その結果、アカペラ＝ゴスペルという誤解が生じてしまったのだと考えられています。

　ゴスペルは英語で「福音」という意味です。アメリカの音楽ジャンルの一つで、アフリカから奴隷としてアメリカ大陸に連行された黒人は、神への賛辞をささげるためにアフリカ特有のリズムを取り入れた「黒人霊歌」を歌いました。この「黒人霊歌」がジャズやブルースを経てゴスペルとして変化し、現在に至っています。

　このように、ゴスペルはその歴史を見ても、アカペラのように、「無伴奏でハモる」という決まりはありません。ただ、黒人教会が楽器を備えられない状況であったことから、アカペラでゴスペルを歌うことがあったようです。

＜参考＞「今からすぐはじめるア・カペラ」http://akapera.net/（最終閲覧日　2017.9.23）

（石橋裕子）

9. 思い出のアルバム

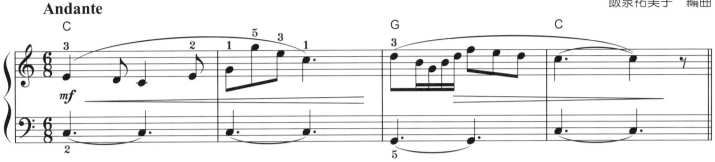

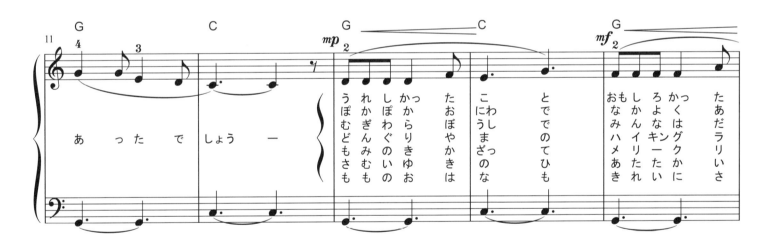
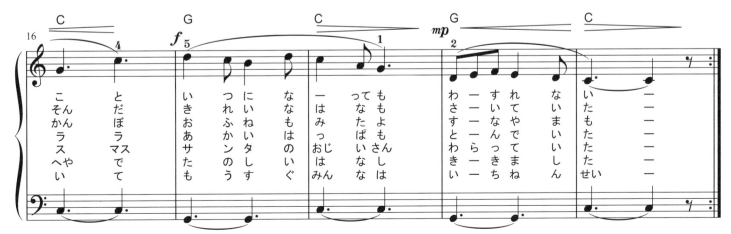

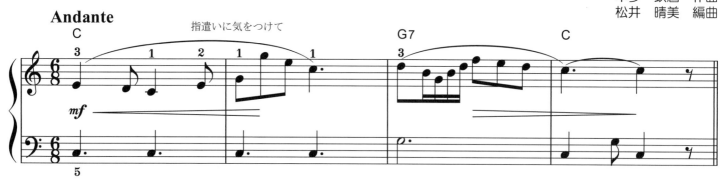
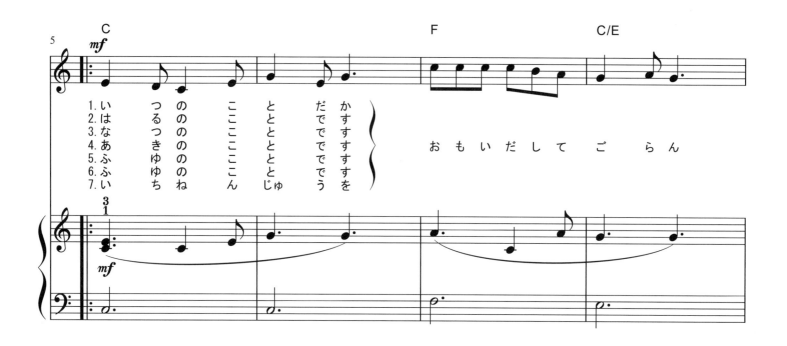

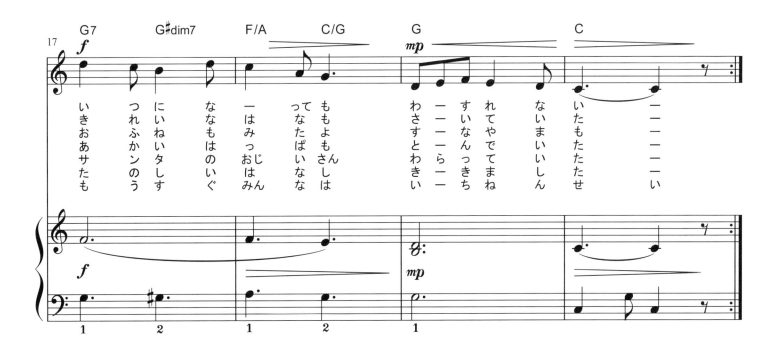

9. 思い出のアルバム

増子 とし 作詞
本多 鉄麿 作曲

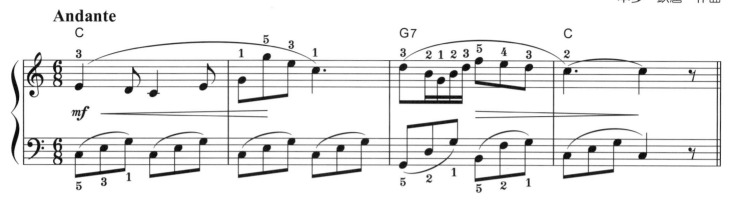

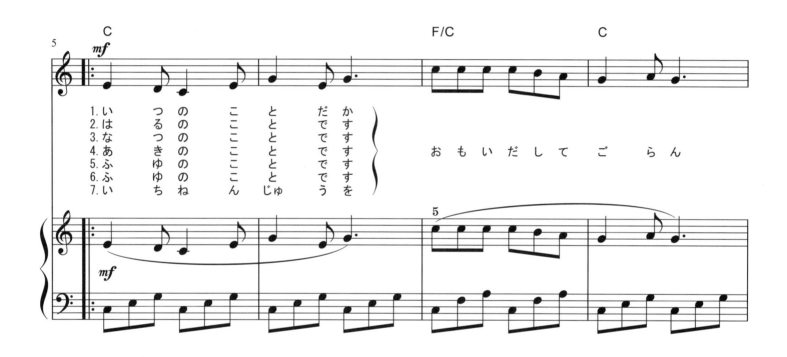

1. い つ の の こ と と だ か
2. は る つ の の こ と と で で
3. な の ゆ き の こ と で で
4. あ の つ き の こ と と で で
5. ふ ゆ の の こ と と で で
6. ふ ゆ ち の ね じゅ う
7. い ち の ね じゅ う

おもいだしてごらん

あんなこと こんなこと あったでしょう

弾かずに ♪ を入れると歌いやすい

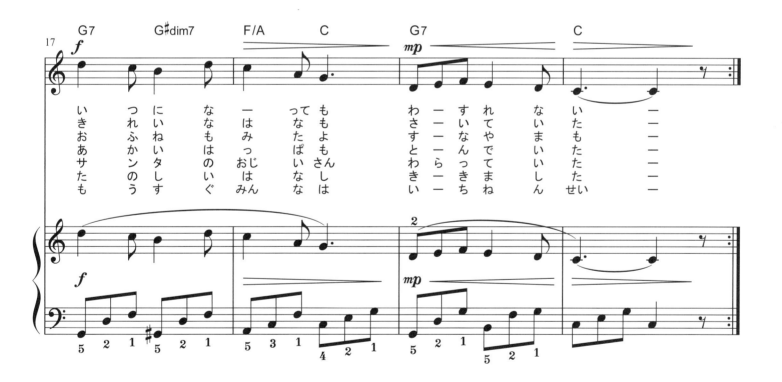

10. さよならぼくたちのほいくえん

新沢としひこ 作詞
島筒 英夫 作曲
飯泉祐美子 編曲

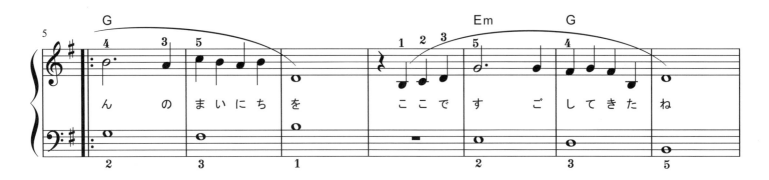

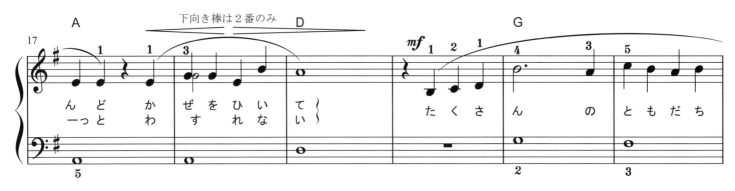
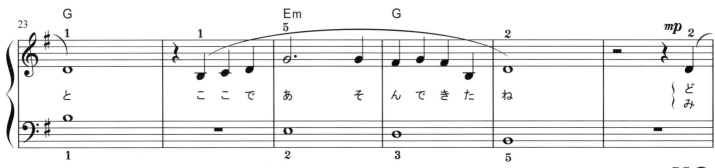

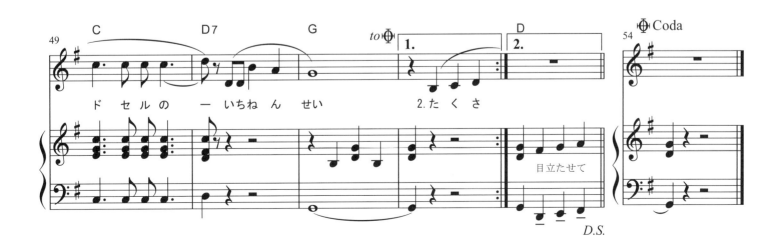

11. うれしいひなまつり

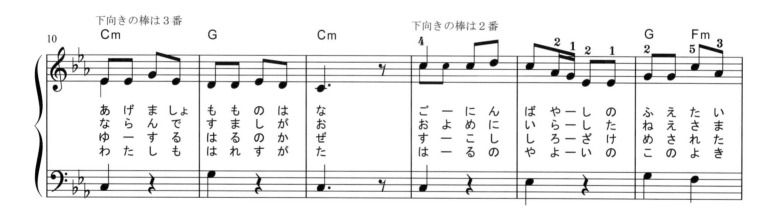

11. うれしいひなまつり

サトウハチロー 作詞
河村 光陽 作曲
須田三枝子 編曲

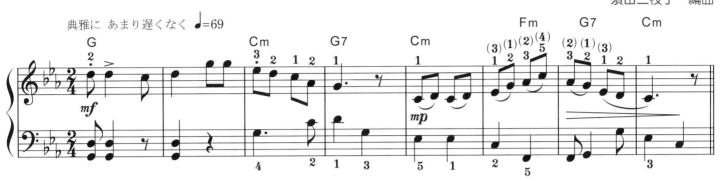

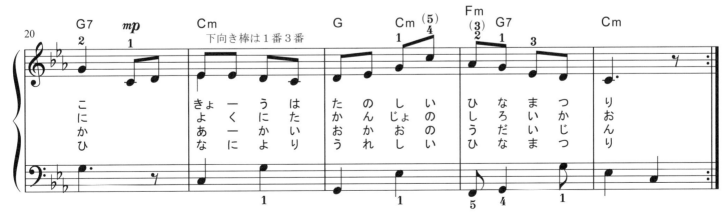

11. うれしいひなまつり

サトウハチロー 作詞
河村 光陽 作曲
松井 晴美 編曲

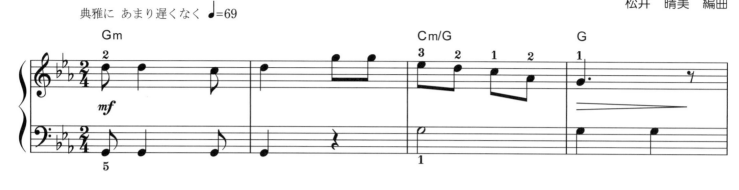

11. うれしいひなまつり

サトウハチロー 作詞
河村 光陽 作曲

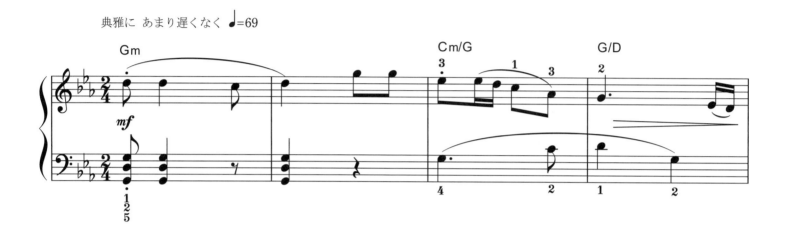

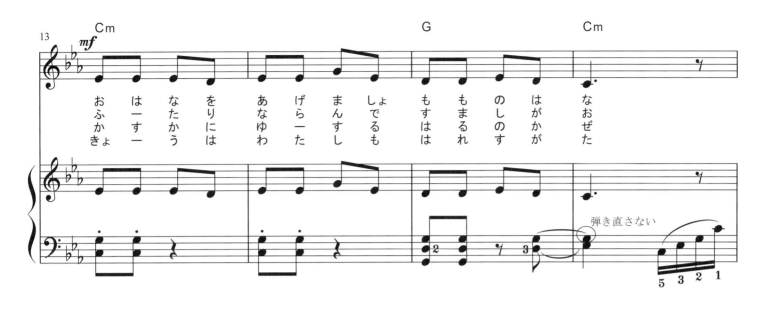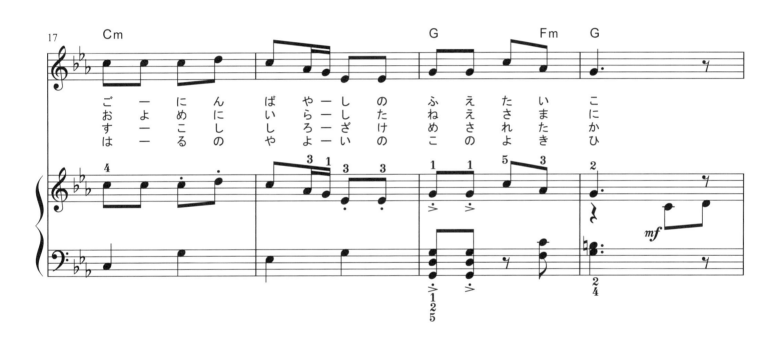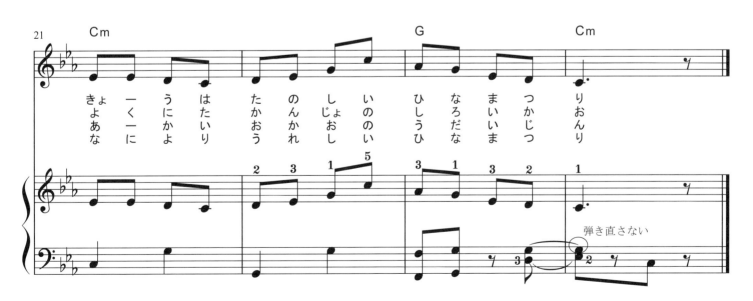

〈コラム5〉

移調奏 ①

カラオケを歌うときに、自分の声の音域に合わないと感じた経験のある方が多いと思います。そのような時みなさんは♯や♭のボタンを操作しますね。まさにこれが移調です。

移調奏とはその曲の中での音同士の関係を変えることなく、そっくり別の高さに移動して演奏することです。

まずここでは移調奏の考え方について説明します。

《移調奏のための楽譜の考え方》

3学期編にある『思い出のアルバム』を見てみましょう。

「思い出のアルバム」（増子とし 作詞／本多鉄麿 作曲）

この曲はハ長調の曲です。何々調と答えることのできる音楽のことを調性音楽といいます。

ハ長調の曲は下の音階の音で構成されています。それぞれの音には音階の中での役目があり名前がついています。

それでは先ほどの『思い出のアルバム』の楽譜に上記の音階の音の番号を加えてみます。

「思い出のアルバム」（増子とし 作詞／本多鉄麿 作曲）

この楽譜を白鍵ひとつ分高くするとしたらどうなるでしょうか。ハ長調がニ長調へ移調することになります。

そのため、まず、ニ長調の音階を考えます。

移調先でも音階での音の役目は変わりませんので、譜例2のように音階の番号と結びつけて楽譜を考えてみると次のようになります。

「思い出のアルバム」（増子とし 作詞／本多鉄麿 作曲）

この続きは移調奏②とします。

（飯泉祐美子）

〈コラム６〉

移調奏 ②

ここでは移調奏①に引き続き移調奏実践方法について説明します。

《移調奏早見表》元の楽譜より音域を高くするときは↑、低くするときは↓とします。鍵盤図の○は使用する音です。

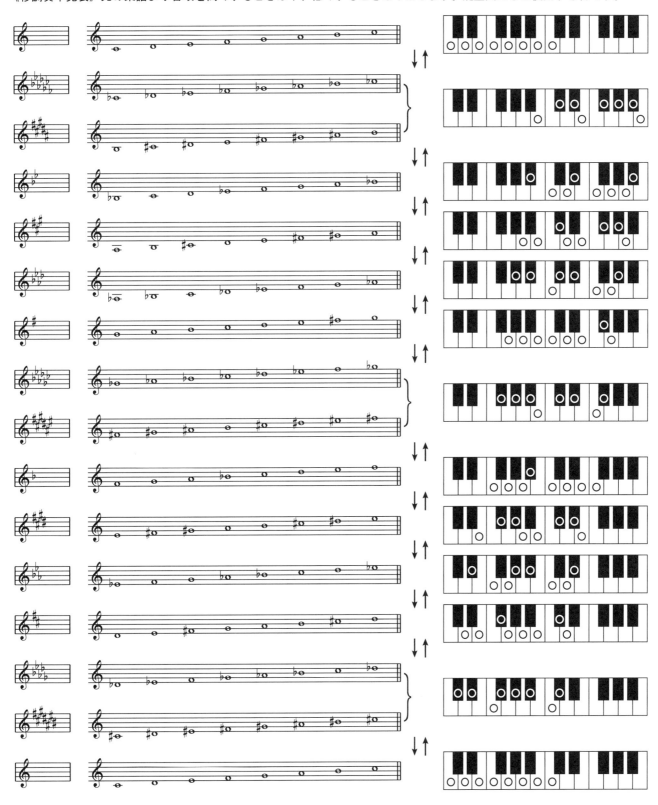

　３度の音程の移調奏は五線の第１線または第５線を動かすことによって比較的簡単に楽譜を読みかえることができます。そのしくみは３度上げて移調する時は第５線を第１線の下に移動した楽譜を想像します。
　３度下げて移調する時は第１線を第５線の上に移動した楽譜を想像します。そして調号は上記早見表で確認します。

（飯泉祐美子）

〈コラム7〉

移調奏 ③

《移調奏のポイントと手順》

・基本の指づかいは移調しても変わりません。

① 移調前の調が何かを考え、その調の 第1音 第2音 第3音 第4音 第5音 に1（親指）2（人差指）3（中指）4（薬指）5（小指）をおき、使用する鍵盤の場所を確認（鍵盤の色の確認）します。
→「5指のポジション」といいます。

② 移調後の調が何かを考え、その調の 第1音 第2音 第3音 第4音 第5音 に1（親指）2（人差指）3（中指）4（薬指）5（小指）をおき、以下の《鍵盤の色早見表》とp.65の《移調奏早見表》を使って、鍵盤の色と鍵盤の場所を確認します。

③ 上下のすぐ隣の調に移調でない時は慣れるまで5指のポジションを順にずらしながら考えるほうがわかりやすいです。

④ 第1音から第5音までの楽曲は上記①〜③の手順方法で移調奏ができます。（子どもの歌は第1音から第5音までの構成音の楽曲が多いです。

⑤ 第6音より上の音また第1音より下の音が構成されているときは鍵盤の位置を目視で考えます。（この時も基本的には指づかいは変わりません。）

《鍵盤の色早見表》

	5指のポジション					目視で確認		
ハ長調	第1音	第2音	第3音	第4音	第5音	第6音	第7音	第1音

	5指のポジション					目視で確認		
ニ長調	第1音	第2音	第3音	第4音	第5音	第6音	第7音	第1音
			■				■	

	5指のポジション					目視で確認		
ホ長調	第1音	第2音	第3音	第4音	第5音	第6音	第7音	第1音
		■	■			■	■	

	5指のポジション					目視で確認		
ヘ長調	第1音	第2音	第3音	第4音	第5音	第6音	第7音	第1音
				■				

	5指のポジション					目視で確認		
ト長調	第1音	第2音	第3音	第4音	第5音	第6音	第7音	第1音
							■	

	5指のポジション					目視で確認		
イ長調	第1音	第2音	第3音	第4音	第5音	第6音	第7音	第1音
			■			■	■	

	5指のポジション					目視で確認		
ロ長調	第1音	第2音	第3音	第4音	第5音	第6音	第7音	第1音
		■	■		■	■	■	

（飯泉祐美子）

生活の歌

1. おはようのうた

高 すすむ 作詞
渡辺 茂 作曲
石橋 裕子 編曲

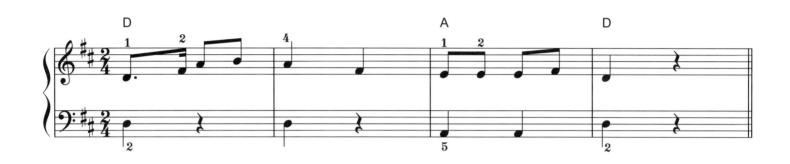
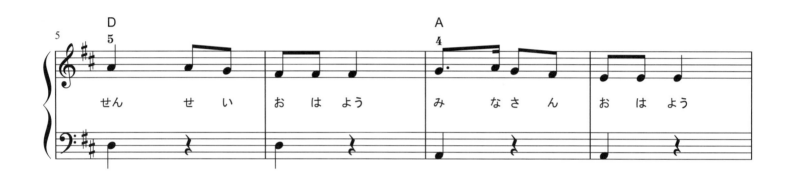

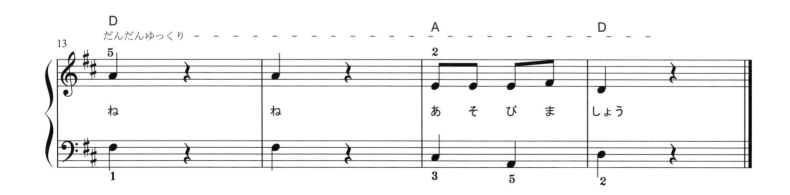

1. おはようのうた

高 すすむ 作詞
渡辺 茂 作曲

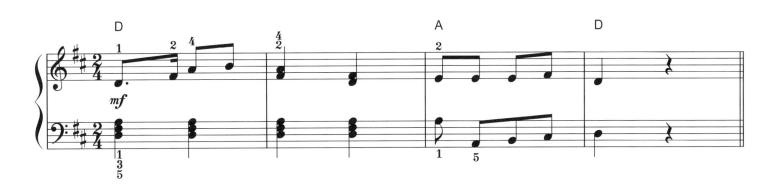
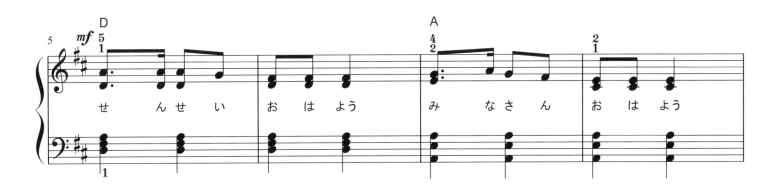
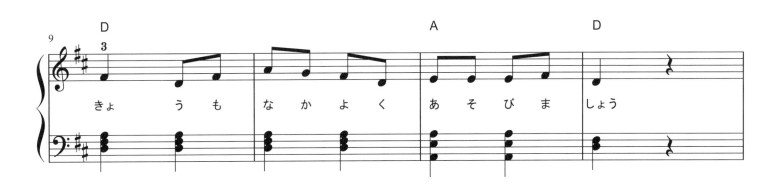
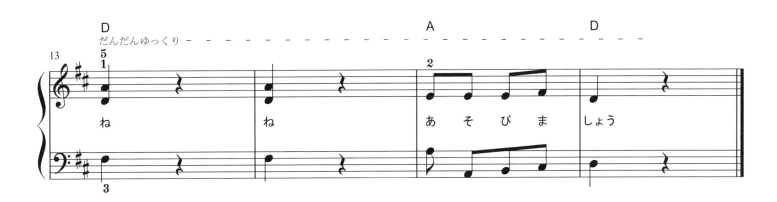

2. おはよう

新沢としひこ 作詞
中川ひろたか 作曲
石橋 裕子 編曲

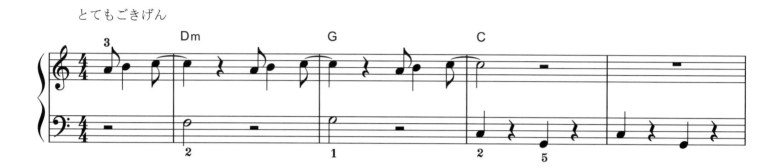

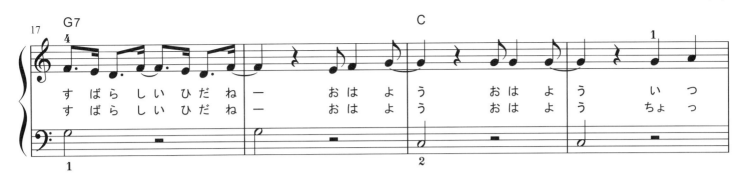

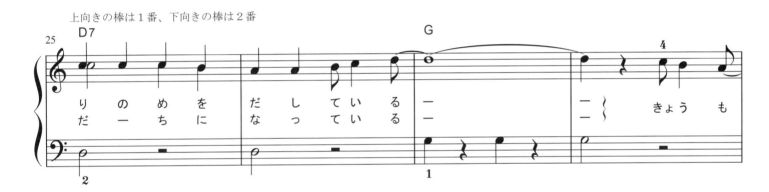

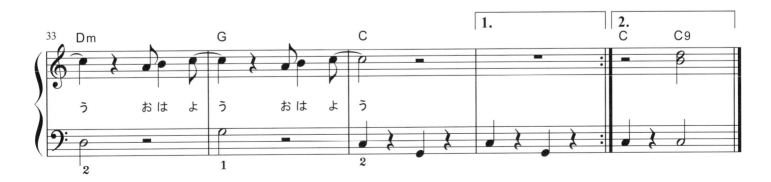

2. おはよう

新沢としひこ 作詞
中川ひろたか 作曲

3. お早ようの歌

田中　忠正　作詞
河村　光陽　作曲
石橋　裕子　編曲

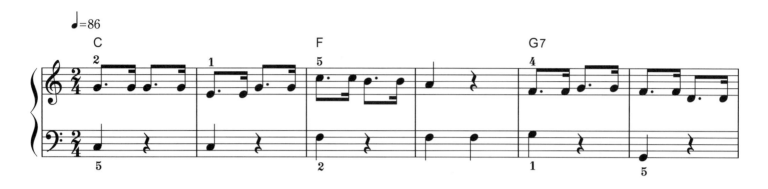

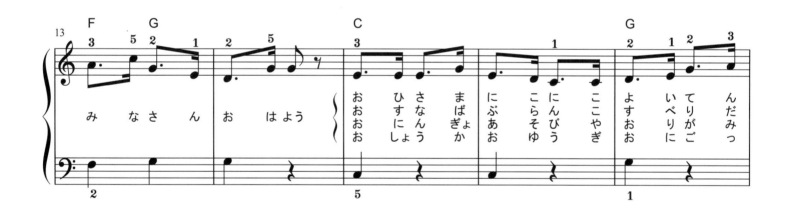

3. お早ようの歌

田中　忠正　作詞
河村　光陽　作曲

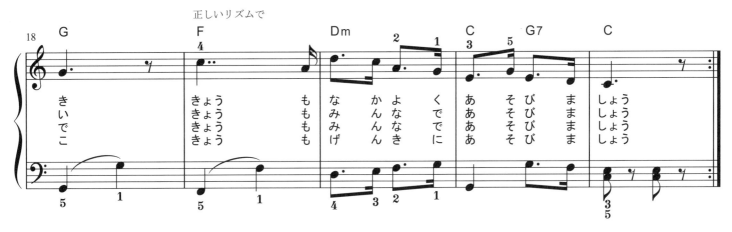

4. あくしゅでこんにちは

まど・みちお 作詞
渡辺 茂 作曲
石橋 裕子 編曲

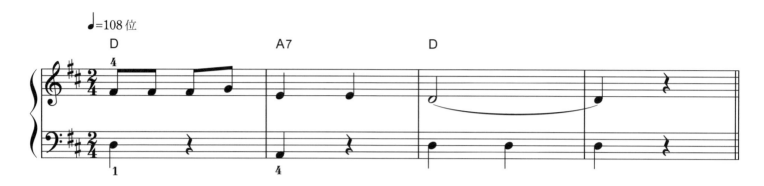

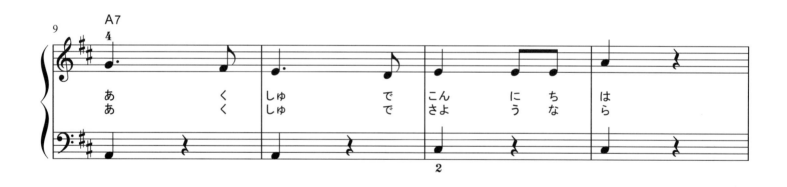
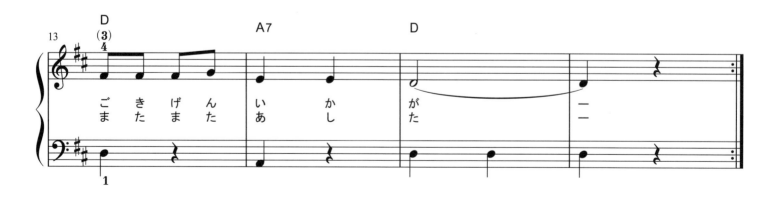

5. おべんとう

天野　蝶　作詞
一宮　道子　作曲
石橋　裕子　編曲

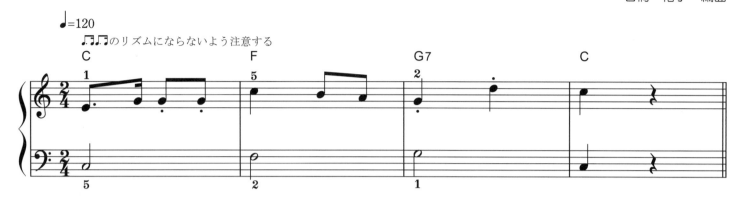
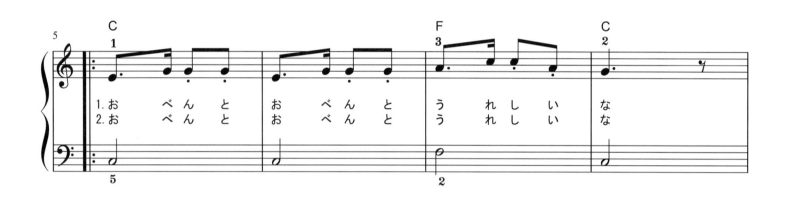

6. おかえりのうた

天野　蝶　作詞
一宮　道子　作曲
石橋　裕子　編曲

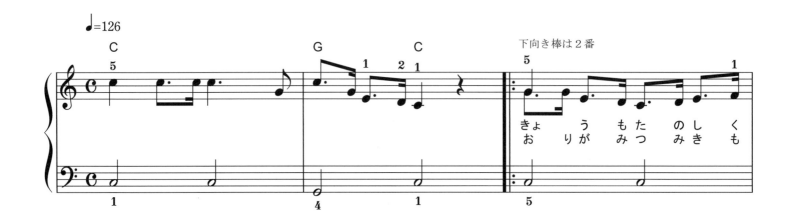

6. おかえりのうた

8. おやつのじかん

則武 昭彦 作詞
則武 昭彦 作曲
石橋 裕子 編曲

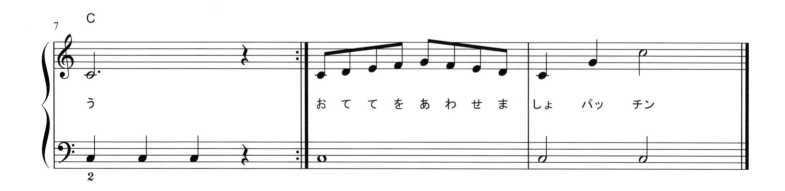

8. おやつのじかん

則武 昭彦 作詞
則武 昭彦 作曲

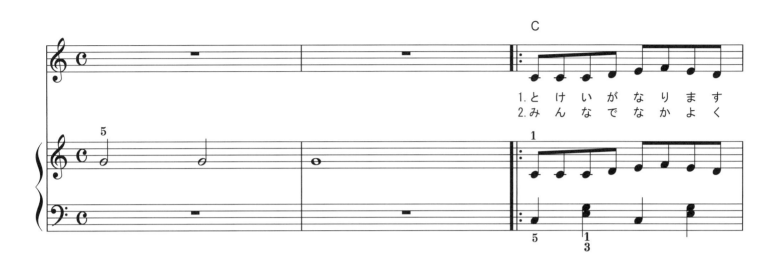

9. はをみがきましょう

則武 昭彦 作詞
則武 昭彦 作曲
石橋 裕子 編曲

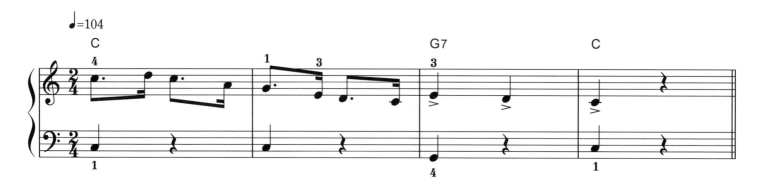

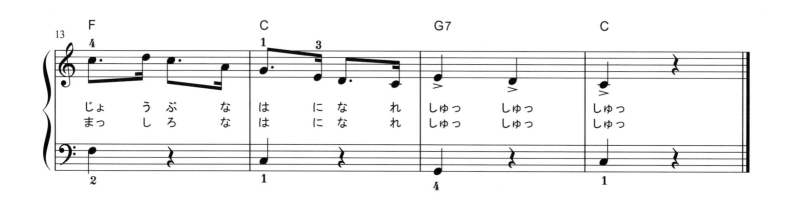

〈コラム8〉

0歳から就学前の音楽的な発達

　本シリーズを手にとって「ピアノ弾き歌い」を練習している皆さんは、「音楽」や「保育内容表現」などの授業で、音楽的な表現活動を学んでいることと思います。歌うことは代表的な音楽的な表現活動ですが、子どもは本来、身体的・造形的・音楽的等と区切ることなく表現します。ここでは、主に音楽的な表現の発達を、心身の発達と関連づけながらまとめます。

<おおむね6ヶ月未満児>
　体の発育と共に視覚や聴覚などの感覚器官が発達する時期です。ガラガラや小だいこ等の音の出るおもちゃを振ってみせると興味を示します。また、紙を破る音や楽器の音などを聞かせることで、音を楽しむと言われています。

<おおむね6ヶ月から1歳3ヶ月未満児>
　月齢による発達の差が大きい時期です。この時期には、遊びや昼寝の時などに音楽や歌を聴く機会をつくることで、豊かな感性が育っていきます。

<おおむね1歳3ヶ月から2歳未満児>
　好奇心旺盛になり、自発的に何かをしようとする時期です。保育者（おとな）と一緒に歌う、歌に合わせて体を動かす、手遊び・指遊びを楽しみます。

<おおむね2歳児>
　全身を使う運動が楽しい時期で、音楽が流れると体を揺らしたりステップを踏むなどして、自然と動きます。保育者（おとな）が振りを付けるのではなく、即興的な動きを一緒に楽しみます。

<おおむね3歳児>
　ごっこ遊びや保育者（おとな）との関わりを通じて、様々なルールがあることを知ります。楽器あそびやリズムあそび、また、リズムのあることばあそびを楽しんだり、保育者（おとな）の歌を模倣して歌います。

<おおむね4歳児>
　自分の思ったことや体験を言葉で表現できるようになる時期です。歌や楽器を用いた表現に興味を持ちます。友達と一緒に歌ったり踊ったりすることを楽しみます。

<おおむね5歳児>
　日常の基本的なほとんどのことは自分でできるようになります。運動機能の高まりと共に、音楽活動も、様々なテンポの曲に合わせて踊る、歌う、演奏できるようになります。

<おおむね6歳児>
　細かい手指の動きが発達し、知識欲も旺盛になります。音の高低・強弱・速さなどを体で感じ、一人でも仲間とでも歌ったり演奏できるようになります。

（石橋裕子）

〈コラム9〉

おはなしとの音や音楽のコラボレーション

　幼年期の子どもたちにとって、おはなしを「きく」「よむ」「演じる」ことは日常的な活動のひとコマです。

　ここではそのようなひとコマにさらにひと工夫して、子どもたちをお話の世界へ引き込み、感性の育ちの手助けとなるような音や音楽とのコラボレーションのアイディアを紹介します。

1．登場するキャラクターごとに音や音楽をつける二つの方法

　キャラクターの登場を理解する手助けとします。

〈方法 ①〉

　キャラクターごとにそれぞれの性格を表した、固有の音や、8拍程度のメロディーをつける。性格を表す手がかりは以下のような音楽を形づくっている要素をもとに既存の楽曲のモチーフを用いたり、創作したりする。

　　「音色」・・・「やわらかい音」「固い音」「乾いた音」「湿った音」など
　　「リズム」・・・「拍を刻むようなリズム」「拍を刻まないようなリズム」など
　　「テンポ」・・・「速いテンポ」「遅いテンポ」など
　　「旋律の流れ」・・・「なめらかな旋律」「はぎれのよい旋律」など
　　「強弱」・・・「大きい音」「小さい音」など
　　「音の重なり」・・・「多くの音による重厚な響き」「調和のとれた透明感のある響き」など
　　「調性」・・・「明るい」「楽しい」「暗い」「さみしい」「悲しい」など

〈方法 ②〉

　キャラクターごとに関連のあるタイトルの既存楽曲を挿入する。

2．テーマ曲の挿入

　テーマ曲はこれからおはなしが始まる「わくわく感」の手助けになります。

　タイトルに関連のある既存の楽曲をテーマ曲としたり、既存の楽曲から替え歌を創作したり、上記1の〈方法①〉のような方法でテーマ曲を創作するのも、子どもたちをお話の世界へ引き込むひとつのアイディアです。

3．挿絵に付随した音楽

　子どもたちは本に描かれた挿絵などによって、言葉で表しきれなかった情報を受容します。挿絵に付随した音楽は、その絵の情報を受容する手助けとなります。子どもたちのイメージを大切にする配慮をしながら先行しすぎることなく、適宜音楽を挿入することもアイディアのひとつです。

4．子どもたちが演じる

　子どもたちは、気に入ったお話をいつのまにか演じていることがあります。ひとりあそびの中でなりきって演じる、お友だちとの遊びの中で演じる、日々の遊びの中で演じ遊ぶ、そして発表会など演じることを目的とした場面まで、楽しく満足した気持ちで演じます。

　音楽はそのような子どもたちの演じる場面の立役者です。表現を誘発できるような「音」や「音楽」が「そっと」添えられると、表現はより輝きを増します。

　おはなしとの音や音楽のコラボレーションには、こうしなければならないというルールはありません。周囲の大人が子どもたちの様子を見守り適宜判断しながら音楽を添えていくものです。そのため、保育者は日ごろから鋭敏な感覚と感性を磨こうと努力することが必要です。

（飯泉祐美子）

〈コラム10〉

ピアニストはアスリート

1. ピアノを弾く・・・I play the piano.

「私はテニスをする」を英語で表すと「I play tennis.」です。同様に「私はピアノを弾く」を英語で表すと「I play the piano.」です。でも「テニスをする」と「ピアノを弾く」は全く異なる行為ですね。実は「play」という言葉には「競技する」「演奏する」という意味の他に「遊ぶ」「楽しむ」「演じる」等々があります。ところで「競技する」「演奏する」どちらも上達のために必要なことというと「技術（コツ）の獲得」と「継続的なトレーニング」です。スポーツであれ、音楽であれ、「コツ」をつかみ「継続的なトレーニング」をするにはどうしたらよいでしょうか。

2. 身体で覚える

はじめて取り組むスポーツがあったとします。みなさんはその手はじめとして理論書を熟知してからスタートしますか。きっと大半の方はひとまず、「見よう見まね」すなわち「模倣」することからスタートしますね。そののち、より技（ワザ）を磨くために理論的に追究したり、指導者から指導を受けるということが一般的ですね。

3. 何を「まね」するか・・・「模倣」

「まね」といってもただ何となくではなく、「姿勢」「フォーム（手のかたち）」「打鍵の位置（鍵盤の触る位置）」「身体全体の動作」など体型などまねが不可能なことを除き、しっかりと細かなところまで観察し「まね」しなければなりません。

そのほかにやや難しくなりますが、アコースティックなピアノであれば「音色」も「まね」したいものです。

さて、結果を出すスポーツ選手の「フォーム」や「動作」をじっくり眺めますと、他の人との違いを感じます。その違いこそが「技」や「コツ」なのではないでしょうか。

4. ピアノがなくてもできるトレーニング

ピアノがなくてもできる、ピアノを弾くための動く指づくりについて紹介します。

① 指番号トレーニング・・・自分の意思通りに動く指を作ります

《準備》机と紙を用意します。この紙に1～5の数字を好きな順序で16個記入します。可能なら横一列に16個の数字、もし無理なら2段（1段に8個ずつ）4段（1段に4個ずつ）に分けて記入して構いません。

《方法》机の上にピアノを弾く手の形にした片手をのせます。番号を口ずさみながらピアノを弾く手の形のまま指を動かします。いくつかのパターンの紙を用意すると色々な組み合わせの練習になります。慣れてきたら、両手でトレーニングしたり、リズムをつけてみたりするのも効果的です。

② 指先しっかり・手首らくらくトレーニング

《準備》カプセルトイ（ガチャポンのカプセル）のカプセルを用意します。サイズは大き目のものがベストです。カプセルがないときは5本の指の指先でつかむことができるものであれば何でも構いません。

《方法》カプセルを手のひらで包み指先のみでつかんで持ちます。手首は脱力してゆるんだ状態を保ちます。指先はカプセルを落とさないようにしっかりとしめます。その状態で手首のスナップを利かせる動きをします。

好きな音楽などのリズムに合わせることも効果的です。

ピアノや弾き歌いの練習をしたいと思ったその時、その場に楽器がない、また、時間帯によっては音が出せないなどがありますね。そのような時、是非これらのトレーニングを試してみてください。

（飯泉祐美子）

楽しく歌おう

1. きみとぼくのラララ

新沢としひこ 作詞
中川ひろたか 作曲
石橋 裕子 編曲

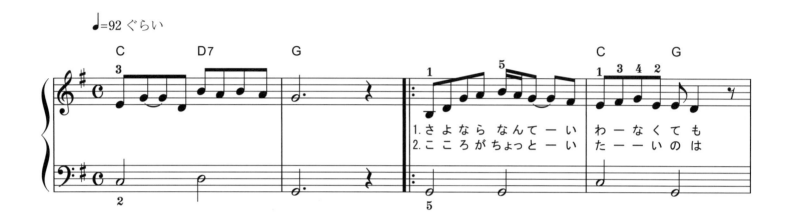

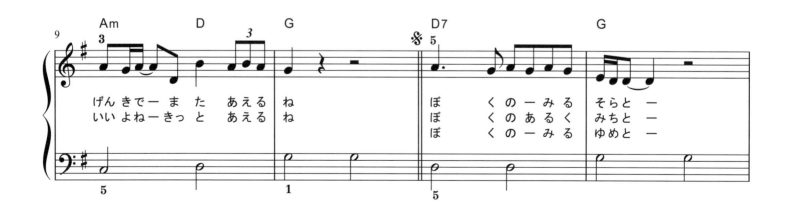

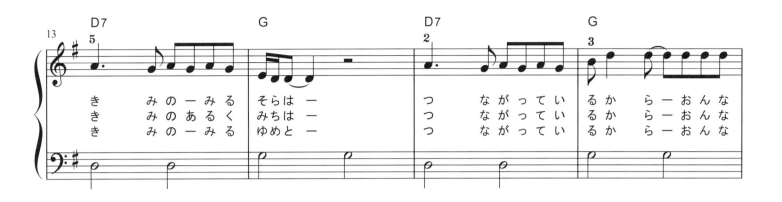

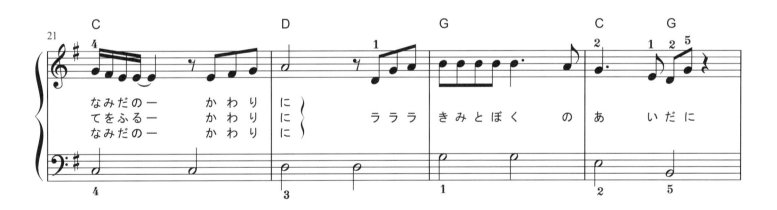
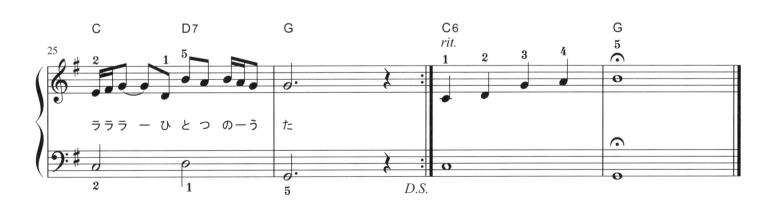

2. 世界中のこどもたちが

新沢としひこ 作詞
中川ひろたか 作曲
石橋 裕子 編曲

2. 世界中のこどもたちが

新沢としひこ 作詞
中川ひろたか 作曲
松井　晴美 編曲

4分音符は音を短く切って（最後まで同じように）

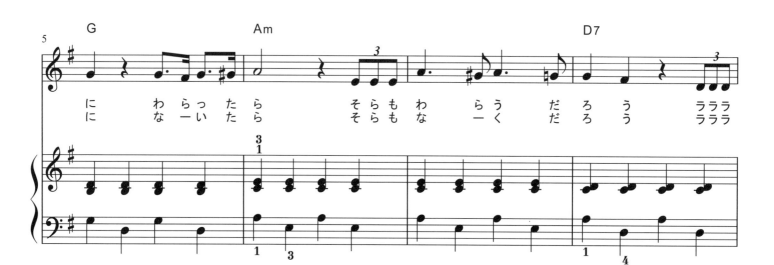

3. ともだちになるために

新沢としひこ 作詞
中川ひろたか 作曲
石橋 裕子 編曲

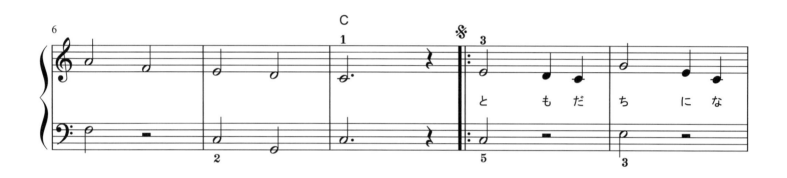
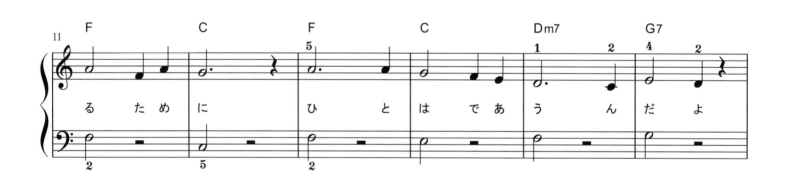

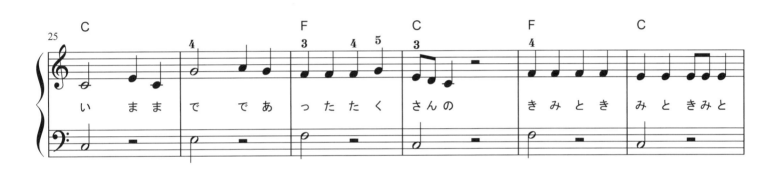

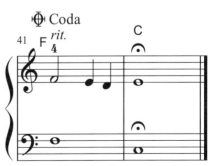

3. ともだちになるために

新沢としひこ 作詞
中川ひろたか 作曲
望月たけ美 編曲

やさしい気持ちで ♩=76 ぐらい 2拍子を感じて弾く

左手はシンコペーションリズムなので、右手とのズレを感じながら弾く

ともだちになるために
ひとはであうんだよ

1. どこかでさななみずき
   のじりをうみきしず
2. ひだとれかあせに

ひやいつ ともさがも きっもだしと とれあ わめにわ りっもに あてはえいる るのかな ーれーるなー ささらい

4. カレンダーマーチ

井出 隆夫 作詞
福田和禾子 作曲
石橋 裕子 編曲

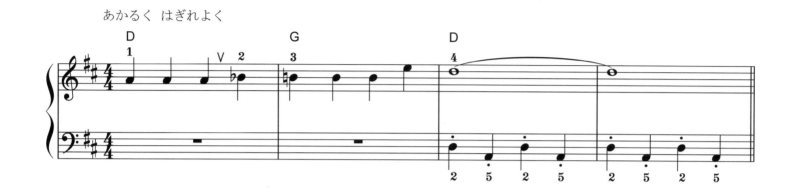

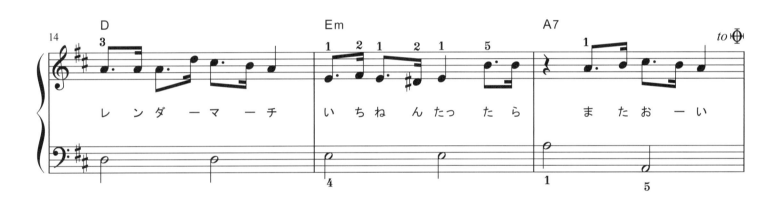
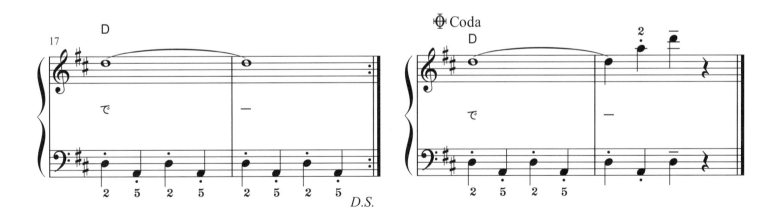

4. カレンダーマーチ

井出 隆夫 作詞
福田和禾子 作曲

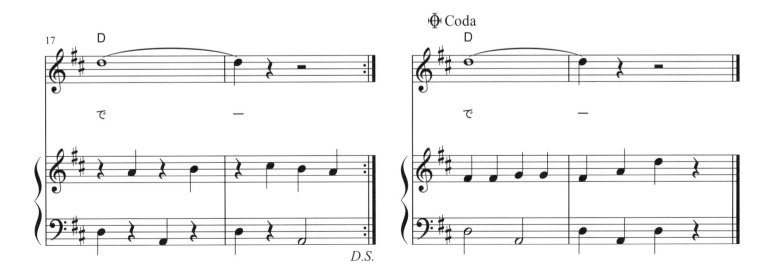

4. カレンダーマーチ

井出 隆夫 作詞
福田和禾子 作曲

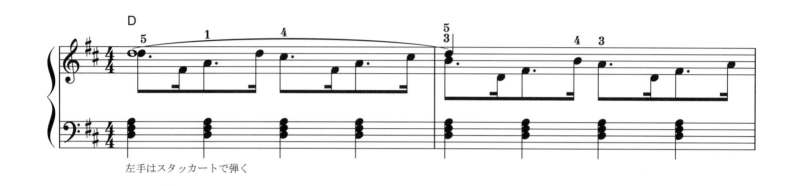

左手はスタッカートで弾く

1. いちがつ いっぱん いよみ ゆきよ ふれり にがつ のにわ はにや
2. ごがつ だごくの らんみ こもう のあ きだ ろくがつ じゅう ごや
3. くがつ にくりの みよ

ふくじゅそう さんがつ さむさに さよなら あそび
てるてるぼうず しちがつ しょうび すずあずふゆがく
おつきさま じゅういちがつじゅ んびだ

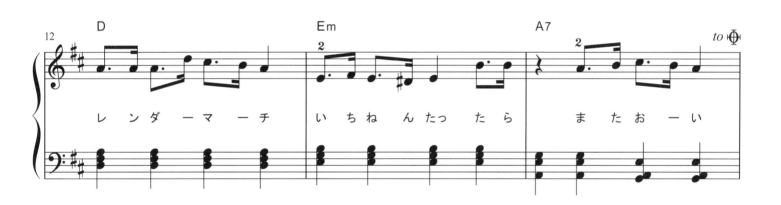
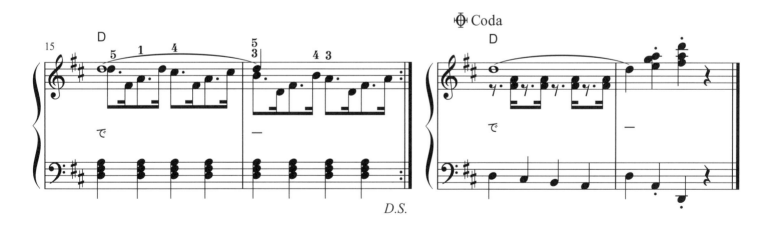

5. スイカのむこうに宇宙が見えた

新沢としひこ　作詞
中川ひろたか　作曲
飯泉祐美子　編曲

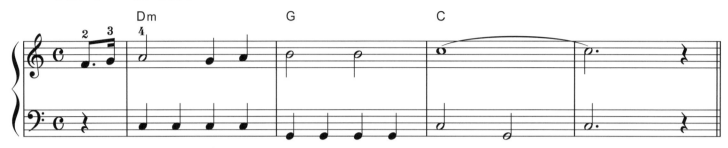

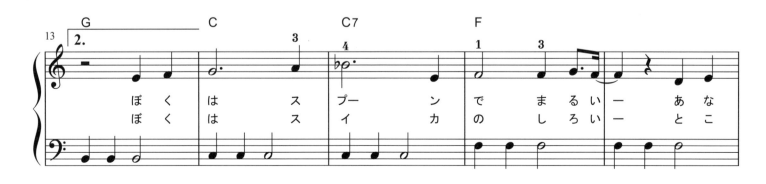

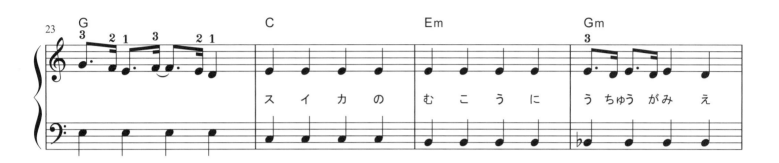
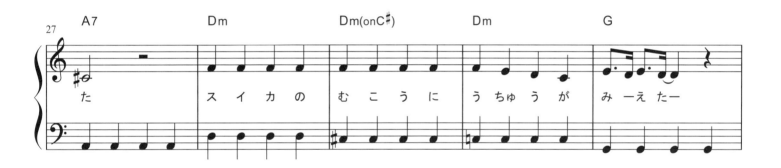

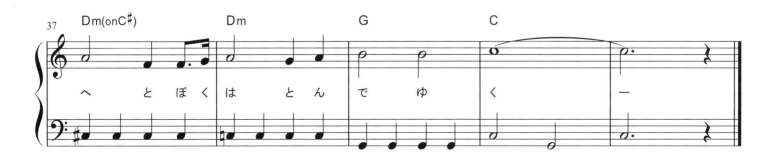

5. スイカのむこうに宇宙が見えた

新沢としひこ　作詞
中川ひろたか　作曲

宇宙にすいこまれる感じ

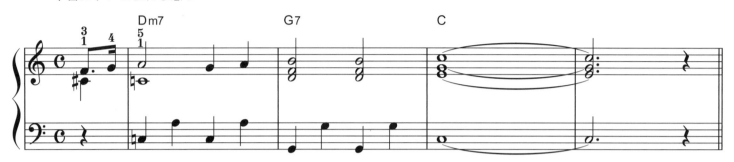

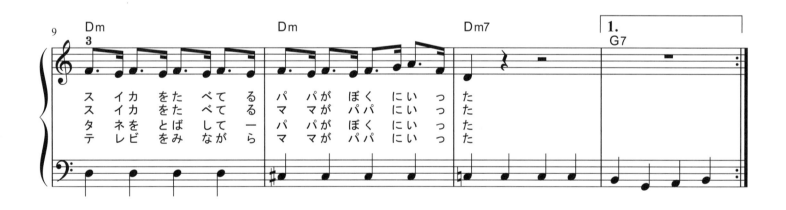

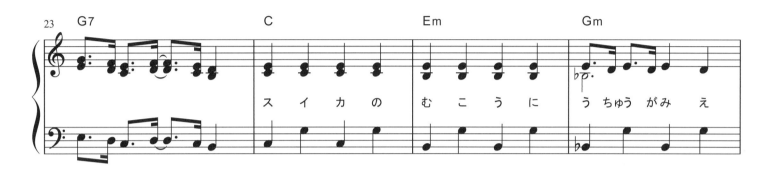
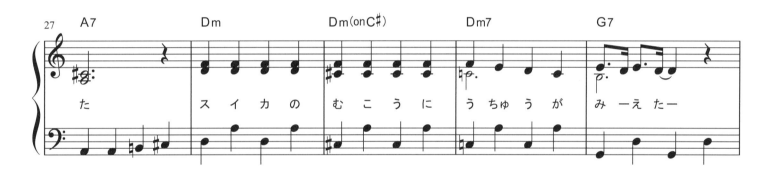

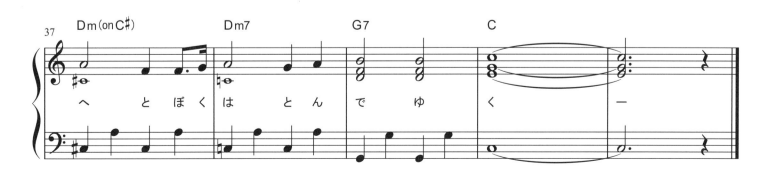

6. にじ

新沢としひこ 作詞
中川ひろたか 作曲
望月たけ美 編曲

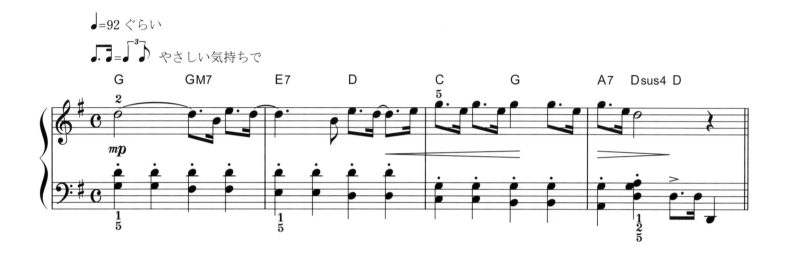
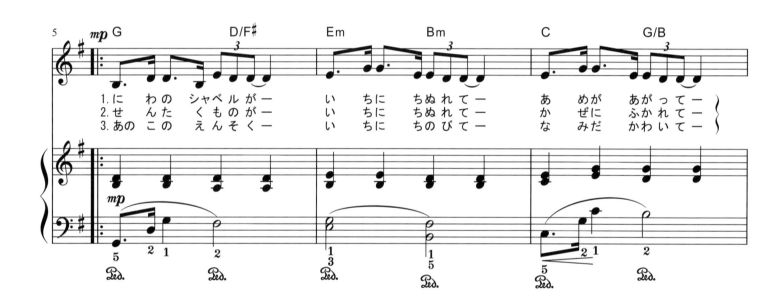
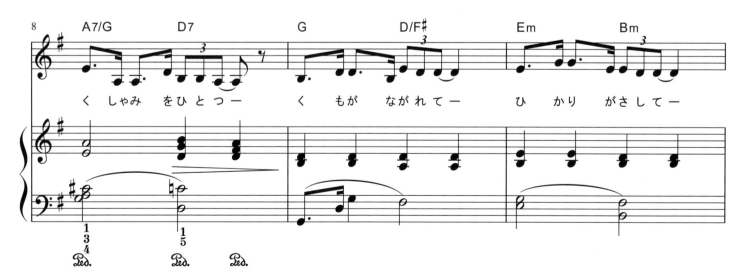

7. みんなともだち

中川ひろたか 作詞
中川ひろたか 作曲
飯泉祐美子 編曲

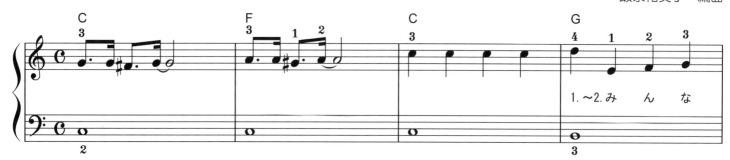

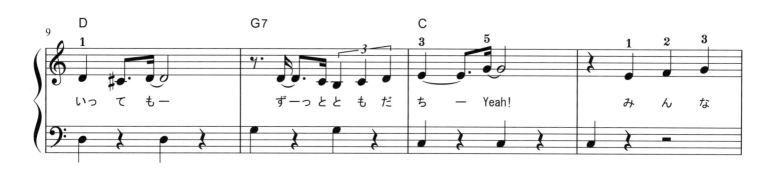

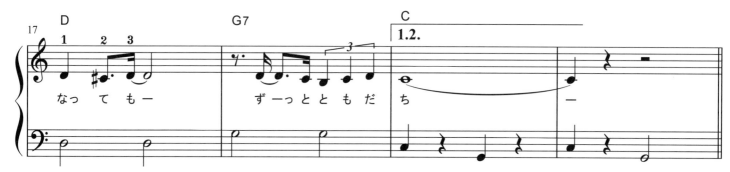

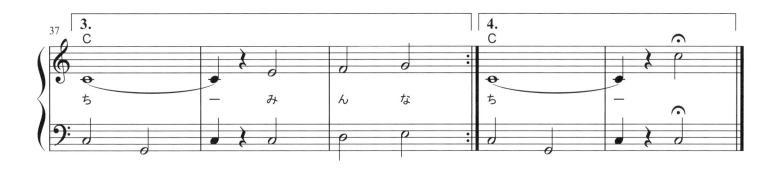

7. みんなともだち

中川ひろたか 作詞
中川ひろたか 作曲

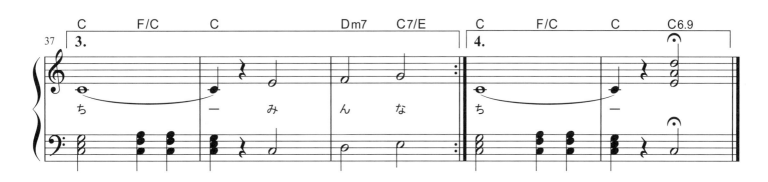

7. みんなともだち

中川ひろたか 作詞
中川ひろたか 作曲

〈コラム11〉

音楽的な理論 ③（楽語）

楽譜の中には多くの「音楽を表現する言葉」（楽語）が書かれており、イタリア語で表されていることが多いです。楽語は、作曲者からの演奏アドバイスですので、意味がわからない時には調べて演奏に臨みましょう。ここでは、強弱に関する記号、速度に関する記号、発想に関する記号等を取り上げます。

① 強弱に関する記号

記号	読み方	意味
pp	ピアニッシモ	とても弱く
p	ピアノ	弱く
mp	メゾ ピアノ	やや弱く
mf	メゾ フォルテ	やや強く
f	フォルテ	強く
ff	フォルティッシモ	とても強く
cresc. または ＜	クレッシェンド	だんだん強く
decresc. または ＞	デクレッシェンド	だんだん弱く
dim.	ディミヌエンド	だんだん弱く

② 速度に関する記号

記号	読み方	意味
rit.	リタルダンド	だんだんゆっくり
a tempo	ア テンポ	元の速さで
Tempo I	テンポ プリモ	初めの速さで
Largo	ラルゴ	幅広く、ゆったりと
Adagio	アダージョ	ゆるやかに
Andante	アンダンテ	歩くような速さで
Moderato	モデラート	中くらいの速さで
Allegretto	アレグレット	やや速く
Allegro	アレグロ	快速に

③ 発想記号：曲の性格や表情を示す記号

記号	読み方	意味
cantabile	カンタービレ	歌うように
dolce	ドルチェ	やさしく
leggiero	レッジェーロ	軽く

④ その他の記号（付語）：①や②と一緒に使います。

記号	読み方	意味
molto	モルト	とても
poco	ポーコ	少し
poco a poco	ポーコ ア ポーコ	少しずつ
sempre	センプレ	常に

例：molto Allegro → とても速く
　　Poco a poco dim. → 少しずつだんだん弱く

（石橋裕子）

led
自分で伴奏を付けてみよう

1. 手をたたきましょう

小林 純一 訳詞
作曲者不詳

2. 山の音楽家

水田 詩仙 訳詞
ドイツ民謡

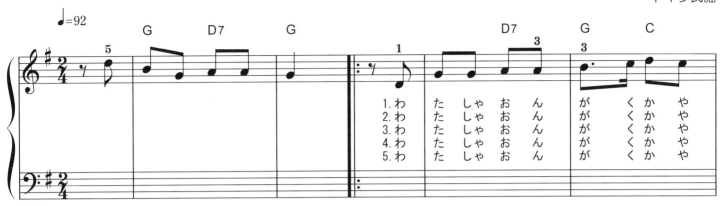

3. 線路は続くよどこまでも

佐木　敏　訳詞
アメリカ民謡

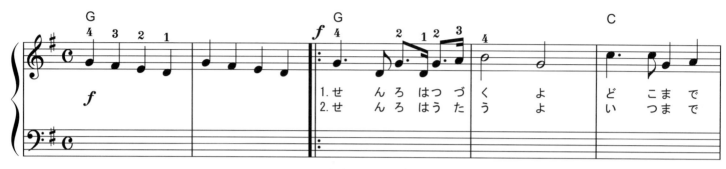

♩.♪のリズム ♪が短くならないように

4. コブタヌキツネコ

山本 直純 作詞
山本 直純 作曲

こぶた → ブブブ、たぬき → ポンポコポン
きつね → コンコン、ねこ → ニャーオ　　と鳴き声でもうたってみましょう

執筆者・選曲・編曲者一覧

飯泉祐美子	帝京科学大学教授	秀明大学非常勤講師
石橋　裕子	帝京科学大学教授	環太平洋大学非常勤講師
望月たけ美	常葉大学准教授	
須田三枝子	元帝京科学大学非常勤講師	太田高等看護学院非常勤講師
小池すみれ	元帝京科学大学非常勤講師	元淑徳大学非常勤講師
松井　晴美	元帝京科学大学非常勤講師	国士舘大学非常勤講師
角田　玲奈	元帝京科学大学非常勤講師	有明教育芸術短期大学非常勤講師
岡部　絵実	元帝京科学大学非常勤講師	

いろいろな伴奏形によるこどものうた 85　3学期編
〜やさしい伴奏から素敵な伴奏まで〜

2018年1月20日初版発行
2021年10月15日第2版発行
編著者　飯泉祐美子・石橋裕子　©2021
発行者　豊田治男
発行所　株式会社共同音楽出版社
　　　　〒171-0051　東京都豊島区長崎3−19−1
　　　　電話03−5926−4011
印刷製本　株式会社平河工業社
充分注意しておりますが、乱丁・落丁は本社にてお取替えいたします。

日本音楽著作権協会（出）許諾第 1715490-102 号

皆様へのお願い

　楽譜や歌詞・音楽書などの出版物を著作権者に無断で複製（コピー）することは、著作権の侵害（私的利用など特別な場合を除く）にあたり著作権法により罰せられます。
　また、出版物からの不法なコピーが行われますと出版社は正常な出版活動が困難となり、ついには皆様方が必要とされるものも出版できなくなります。
　音楽出版社と日本音楽著作権協会（JASRAC）は著作権の権利を守り、なおいっそう優れた作品の出版普及に全力をあげて努力してまいります。どうか不法コピーの防止に、皆様方のご協力をお願い申し上げます。
　　　　株式会社共同音楽出版社
　　　　一般社団法人日本音楽著作権協会